세계시민
보드게임북

세계시민 보드게임북

초판 1쇄 인쇄 2024년 5월 27일
초판 1쇄 발행 2024년 6월 10일

지은이 박찬정·원남훈
펴낸이 이범상
펴낸곳 (주)비전비엔피·애플북스

책임 편집 차재호
기획 편집 차재호 김승희 김혜경 한윤지 박성아 신은정
디자인 김혜림 최원영 이민선
마케팅 이성호 이병준 문세희
전자책 김성화 김희정 안상희 김낙기
관리 이다정

주소 우 04034 서울특별시 마포구 잔다리로7길 12 (서교동)
전화 02) 338-2411 | **팩스** 02) 338-2413
홈페이지 www.visionbp.co.kr
인스타그램 www.instagram.com/visioncorea
포스트 post.naver.com/visioncorea
이메일 visioncorea@naver.com
원고투고 editor@visionbp.co.kr

등록번호 제313-2007-000012호
ISBN 979-11-92641-33-1 13370

· 값은 뒤표지에 있습니다.
· 잘못된 책은 구입하신 서점에서 바꿔드립니다.

교육과 만난 보드게임북 시리즈 7

세계시민 보드게임북

박찬정·원남훈 지음

애플북스

이 책에 대한 추천사

코로나19를 통해 경험했듯이 오늘날 지구에서 일어나는 국제 문제의 영향력은 가늠할 수 없이 크고 빠르게 다가온다. 앞으로 살아가야 할 시간이 많은 청소년은 이러한 문제를 해결하는 데 관심을 가질 수밖에 없다. 하지만 너무 큰 문제라 내가 할 수 있는 일이 무엇인지 모를 때가 많다. 이 책은 게임을 통해 우리가 할 수 있는 일이 무엇인지를 알아보고, 세계시민으로서 실천할 수 있는 행동은 우리 일상의 작은 일부터 시작된다는 것을 깨닫게 해준다.

강병희_서울북과학고 교사

우리는 세계시민으로서 이웃들을 생각할 때 비로소 지속 가능한 '행복'에 도달할 수 있다. 이 책은 세계시민으로서 감수성을 기를 수 있는 설득력 있는 방향을 제시하고, 보드게임을 통해 확실한 재미와 깊이를 얻을 수 있다. 교육이 항상 재미있을 필요는 없지만 재미있으면 더 좋다고 믿는다. 의미와 재미를 모두 잡는 이 책을 추천한다.

강진명_인어스 협동조합 이사장

세계시민이라는 주제는 평소 관심을 두고 오랜 기간 연구해 온 주제이다. 사뭇 심각하고 어려워서 접근하기가 쉽지 않은 주제를 보드게임북 형태로 접할 수 있다는 것이 교사와 학생들에게는 더없이 좋은 소식이다. 아이들이 게임을 통해 세계시민으로서 빈곤 문제와 환경문제에 더욱 관심을 가질 수 있을 것으로 기대한다.

김나영_《세계시민이 된 실험경제반 아이들》 저자, 중등교사

내가 살고 있는 국가와 세계가 어떤 모습이고, 그 안에서 내가 어떤 역할을 하며 살아가야 하는지 생각해 볼 기회가 좀처럼 주어지지 않아 늘 안타까운 마음이었다. 이 책은 인류가 공동으로 직면하는 문제들에 대한 관심을 촉구하고, 지구촌 공동체에 대한 연대감 및 책임감을 고양하며, 다양한 가치에 대해 알려준다. 학생들이 게임을 통해 인류가 관심을 기울여야 할 전 지구적 문제를 자연스럽게 깨닫고, 세계시민으로서 책임과 자긍심을 동시에 느낄 수 있을 것이라 기대한다.

김성현_아스트로젠 최고재무책임자

세계시민이 되기 위해 가야 할 길이 멀고 험난해 보여서 머뭇거리는 선생님과 학생들에게 우리 함께 노력해 보자고 친절하게 손 내미는 책이다. 게임 수업 노하우가 200% 담긴 '탄소 배출 선 지키기 게임', '바다도 지구야 게임', '빈곤 구제 게임'을 통해 학생들이 자연스럽게 국제 문제에 관심을 갖고 그것을 해결하기 위해 실천하는 세계시민으로 성장할 것이라고 기대한다.

김세배_양지중학교 교사

인류가 당면한 심각한 문제들을 해결하기 위해서는 어릴 때부터 관심을 가지고 올바른 인식을 형성하는 것이 중요하다. 그러나 기후변화와 빈곤 문제 등은 당장 눈앞에서 관찰되는 것이 아니기에 관심을 가지기 쉽지 않다. 특히 이러한 문제가 쉽게 해결될 수 없는 이유는 다른 사람이 비용을 들여서 해결하면 비용을 지불하지 않은 사람도 쉽게 혜택을 볼 수 있는 무임승차자(free rider) 문제를 가지고 있기 때문이다. 인류가 당면한 문제들을 무임승차자가 아닌 적극적으로 해결하려는 세계시민의 자세를 기를 수 있을 것이다.

김진영_강원대학교 명예교수

게이미피케이션 기반 사회과 교육의 대가이신 박찬정 선생님과 원남훈 선생님은 단순히 재미를 추구하는 교육을 넘어서 의미를 깨우치는 교육을 실천하는 분들이다. 세계시민 교육은 특정 직군에서만 고려해야 할 문제가 아니라 모두가 고민해야 할 문제로 대두되고 있다. 이러한 필요성에 따라 극화된 학습 경험을 제공하여 미래의 위험한 사회가 다가왔음을 인식하게 하고, 문제에 대한 해결을 촉구하는 학생 주도형 교육으로 연계할 수 있는 마중물이 될 것이라고 확신한다.

박병준_창원 용호고등학교 교사

2022개정 교육과정에서는 생태시민성, 세계시민성이 강조되었다. 이 책에서 다루는 탄소 배출, 해양오염 문제, 빈곤 문제는 인류가 함께 고민하고 헤쳐나가야 할 난제이다. 진지하고 심각한 문제를 게임을 통해 배운다면 학생들은 틀림없이 이 문제들을 내면화하고 문제 해결을 위한 실천 방안을 찾아낼 것이다. 학생, 학부모, 교사 그리고 지구에서 함께 살아가는 모든 세계시민들에게 추천한다.

서태동_전남대학교사범대학부설고등학교 교사

관심과 실천이 시작되는 계기는 하나의 개념이 피부에 직접 와 닿는 '경험'이라고 생각한다. 우연히 플라스틱에 끼인 채 자란 거북이나 플라스틱에 갇힌 게의 영상을 본 경험이 있는가? 아마 많지 않을 것이다. 해양오염 문제가 심각하다고 아무리 말해도 실생활에서 체감할 수 있는 기회는 많지 않다. 이 책은 우리에게 글자로만 다가와 그저 추상적인 것에 지나지 않던 개념들의 그 '느낌'을 일깨워준다. 개념을 경험으로 전환할 수 있는 그 기회를, 지루한 학습이 흥미가 되는 그 느낌을 선물해 주는 책이다.

신여진_원남훈 선생님의 제자, 한양대학교 행정학과 학회장

박찬정 선생님은 늘 교사들에게 필요한 것이 있으면 끝없이 연구하고 그 성과를 함께 나눠왔다. 이번에는 세계시민 교육을 현장에 안착시키기 위해 교사들이 의미 있는 수업을 할 수 있는 책을 펴냈다. 항상 새로운 시도를 게을리하지 않고 도전해서 새로운 것을 만들어내는 열정이 세계시민 교육에도 새로운 바람을 불러일으킬 것이다.

양성혁_경기도 교육청 장학사

《세계시민 보드게임북》은 게임이라는 놀이 방식을 통해 학생들이 탄소 배출, 해양오염, 빈곤 문제라는 전 지구적 문제를 올바르게 인식할 수 있도록 도와주며, 학생들이 그 해결책을 스스로 찾아볼 수 있는 길잡이 역할을 할 수 있다. 전 지구적 문제에 대한 깊은 고민과 연구가 담긴 이 책이 글로벌 시대를 이끌 우리나라 학생들이 세계시민으로 성장하는 데 큰 역할을 할 것으로 기대한다.

조일현_비상교육 총괄대표

프롤로그

세계시민 교육도
보드게임으로 배워보자

이 책을 읽는 당신은 세계시민인가? 이 질문에 '예스(Yes)'라고 답한 당신은 세계를 위해 어떤 고민과 노력을 하고 있는가? 반면 '노(No)'라고 답한 당신은 세계시민이 아닌 것일까?

세계시민 교육을 논할 때 가장 먼저 생각해야 할 것은 '누가 세계시민인가?'라는 근본적인 질문이다. 당연히 우리 모두 세계시민이지만 진정한 세계시민으로서 어떤 사고방식을 가지고 있어야 하는지를 알아야 한다. 이 책에서는 그것을 함께 고민하고자 한다. 그리고 우리가 놓치고 있는 생각을 발견하는 기회도 가져볼 것이다.

세계시민이 되기 위해 관심을 가져야 할 주제로 탄소 배출, 해양오염, 빈곤 문제를 다루고, 보드게임을 통해 체험할 수 있는 활동을 제시한다.

첫 번째, 탄소 배출 문제는 가장 많이 들어본 이야기일 것이다. 역으로 우리가 가장 외면하고 있는 주제이기도 하다. 세계시민이라면 탄소중립을 위해 어떤 실천을 해야 할까? 아직도 남의 이야기처럼 '나중에 하면 되지'라고 생각하는가? 그렇다면 생각을 바꿔야 할 시점이다. 어쩌면 지금도 조금 늦은 것일 수 있다. 탄소중립은 실현 불가능한 억지 주장이 아니다. 인류에게 탄소를 배출하지 말라는 것이 아니라 지구가 수용할 수 있는 범위까지만 배출하도록 노력하자는 것이다. 그 선을 지키지 않고 계속해서 인간의 욕심만 채운다면 결국 우리는 모든 것을 잃게 될 것이다.

두 번째, 해양오염 문제에 대해 경각심을 가지고 있는가? 사람들이 행복하려면 어느 정도 물질적 풍요가 필요하다는 사실을 부정할 수는 없다. 그러나 풍요로운 삶을 위한 소비에는 자연스럽게 쓰레기가 발생한다. 인류는 이런 쓰레기를 어떻게 처리해 왔을까? 과학 시간에 배운 '질량 보존의 법칙'에 따르면 지구에서 발생하는 모든 쓰레기는 어떤 형태로 폐기하든 결국 지구에 그대로 남게 된다. 인류가 태우고, 매립하고 그리고 극단적으로 바다에 버려도 그 쓰레기는 없어지지 않는다. 실제로 인류는 한때 수많은 쓰레기를 바다에 투기했다. 시간이 지나고 인류가 정신을 차렸을 때는 이미 대양 한가운데 쓰레기 섬이 만들어질 정도였다. 세계시민이라면 바다도 지구라는 생각을 당연히 가져야 하는데도, 우리는 왜 그 사실을 간과해 왔을까? 바로 세계시민으로서 자각이 부족했기 때문이다.

세 번째, 빈곤 문제에 대해 관심을 가지고 있는가? 세계경제의 규모는 커지고 있지만 국가 간 또는 지역 간 빈부 격차는 날로 심각해지고 있다. 풍요와 빈곤이 공존하는 상황에서 과연 발전만이 인류의 목표인가 하는 문제를 고민할 수밖에 없다. 발전 자체가 목표가 아니라 발전의 방향과 방법에 대한 고민이 필요하다. 그것을 고민해야 할 주체는 바로 세계시민인 우리다. 나만 잘살면 그만이라는 생각에서 벗어나 누구도 소외 없이 잘사는 세상을 꿈꾸는 것은 결코 이상적인 목표가 아니다. 지속 가능한 발전이란 화두를 가슴속에 품을 때이다.

그렇다면 왜 게임이어야 할까? 올해 사회 수업이 끝나고 1년 동안의 소감을 물었을 때 한 학생이 이렇게 이야기했다.

"게임을 통한 수업의 열기는 정말 최고라고 생각합니다. 아무런 지식 없이 수업에 들어가는 것보다 게임을 통해 수업 주제에 대해 어느 정도 지식을 쌓고 시작하니 집중하는 데 훨씬 도움이 되었습니다."

같은 내용이라도 스스로 관심을 가지고 접할 때와, 학교 수업을 위한 교과과정으로 접할 때 받아들이는 정도는 180도 다르다. 자칫 지루하거나 어렵게 생각할 수 있는 주제를 가지고 게임이라는 방식으로 학습자들에게 다가가고자 한다.

이 책에서 세계시민으로서 자각해야 할 모든 것들을 다루지는 못한다. 비록 3가지 주제에 대해서만 다루고 있지만, 탄소 배출, 해양오염, 빈곤 문제에 관심을 가지는 것을 시작으로, 자신이 세계시민이라는 사실을 인식하고 더 다양한 문제들까지 관심을 이어나가기 바란다. 더 나아가 관심에서 그치지 않고 우리 주변의 문제들을 해결하기 위해 적극적으로 노력하는 사람이 되기를 희망한다.

2024년 6월
박찬정, 원남훈

이 책에 대한 추천사 ········· 4

프롤로그 세계시민 교육도 보드게임으로 배워보자 ········· 6

이 책의 구성과 활용법 ········· 10

1장 세계시민 교육이란 무엇인가? ········· 13

2장 세계시민 보드게임
탄소 배출 선 지키기 게임 ········· 31
바다도 지구야 게임 ········· 39
빈곤 구제 게임 ········· 47

활동 자료

〈탄소 배출 선 지키기〉 게임 설명서 ········· 58
게임 카드 96장 ········· 59
탄소배출권 카드 6장 ········· 91

〈바다도 지구야〉 게임 설명서 ········· 96
쓰레기 카드 72장 ········· 97
해양생물 카드 48장 ········· 115
해결책 카드 24장 ········· 131

〈빈곤 구제〉 게임 설명서 ········· 140
빈곤 카드 32장 ········· 141
모금 카드 32장 ········· 149
행동 카드 32장 ········· 159
빈곤 카드판 ········· 165
도움 카드판 ········· 167

이 책의 구성과 활용법

학습 목표

탄소중립을 위해 우리가 할 수 있

최초의 학습용 보드게임북!

학습 목표를 확인하자.

준비물

게임 카드 96장, 탄소배출권 카드

활동 자료를 잘라 준비한다. 이때 카드 크기에 맞는 OPP 비접착 봉투가 있다면 금상첨화. 두고두고 쓸 수 있는 교구를 갖게 된다.

학습 도움말

1. 게임 활용 시점

학습 도움말을 참고하여 학습 절차에 따라 진행하자. 사전 사후 교육에 대한 안내도 소개하고 있으니 꼼꼼히 확인!

활동지

바다도 지구야 게임

제대로 학습이 되었는지 확인이 필요하다. 그렇다면 학습 정리 페이지를 복사해서 나눠주자.

수업을 마쳤다면, 스스로 평가하고, 동료 평가도 하고, 교사 평가도 남기자. 학생 수만큼 복사하여 사용하면 된다.

자세한 설명서가 제공된다. 교사가 설명하고 진행할 수도 있고, 학생 스스로 이해한 것을 바탕으로 설명한 후 게임을 진행해도 좋다. 게임을 바탕으로 이루어지는 수업은 언제나 즐겁다.

 보드게임은 오프라인에서만 가능하다고?

세계시민 보드게임은 에듀테크를 활용하여 온라인에서도 활용할 수 있다.

1. 탄소 배출 선 지키기 게임

메타버스 공간에서 탄소 배출 요인 및 탄소 감축 방안을 숨겨두고 하나씩 직접 찾아볼 수 있다. 카드에 제시되지 않은 탄소 배출 요인 및 탄소 감축 방안을 조사하여 온라인에서 공유하는 형태로 진행해 볼 수 있다.

2. 바다도 지구야 게임

해양을 오염시키는 쓰레기, 해양생물, 해결 방안 카드를 통해 온라인 토의 및 토론을 진행할 수 있다. 원인-결과-해결책이라는 논리적 구조를 게임 카드로 이해하고 이를 바탕으로 발표 자료를 구성하여 온라인에서 발표하거나 AI를 이용해 포스터를 만들고 전시하는 활동을 진행해 볼 수 있다.

3. 빈곤 구제 게임

빈곤 카드에 표시되어 있는 국가들의 현재 상황을 조사하고, 새로운 국가의 내용이 담긴 빈곤 카드 만들기를 진행할 수 있다. 또한 빈곤 카드와 도움 카드를 통해 빈곤의 원인별 구제 방안에 대해 온라인 토의 및 토론을 진행할 수 있다.

1장

세계시민 교육이란 무엇인가?

현대사회에서 우리는 더 이상 어느 한 국가와 사회의 일원, 다시 말해 개별 국가에만 속해 있는 존재가 아니다. 이제 우리는 지구촌에서 함께 살아가는 '세계시민'이다. 이처럼 변화된 사회에 맞춰 성장할 수 있도록 민주시민 교육뿐 아니라, 세계시민의 일원으로서 역할을 할 수 있는 '세계시민 교육'이 필요하다.

　세계시민 교육은 2015년 5월 인천에서 개최된 세계교육 포럼에서 새로운 글로벌 교육 의제로 발표되었고, 같은 해 9월에 발표한 유엔의 지속가능발전목표(SDGs) 중 네 번째 교육 부문에서 일곱 번째 세부 목표에 포함되면서 많은 관심을 받았다.
　그렇다면 세계시민이란 무엇이고, 세계시민 교육을 왜, 어떻게 하는 것일까?

　이 책에서는 세계시민의 의미와 세계시민 교육의 필요성에 대해 설명하면서 세계시민 교육에 포함되는 3가지 주제(탄소 배출, 해양오염, 빈곤 문제)를 배울 수 있는 보드게임을 소개한다. 게임을 하면서 국제적 문제에 관심을 가지고, 문제 해결을 위해 행동

하는 세계시민으로 성장하기를 기대한다.

세계시민이란?

세계시민이란 세계가 정치·경제, 사회·문화, 기술·환경적으로 어떻게 작동하는지 이해하고 있으며, 자신이 살고 있는 지역부터 세계적 차원에 이르기까지 공동체에 참여하고 기여하는 사람이다. 세계시민은 다양성을 존중하고, 사회정의를 위해 열정적으로 헌신하며, 지속 가능한 세상을 만들기 위해 노력하고, 행동에 책임을 지는 자세를 가져야 한다.

세계시민 교육이란, 인류가 공동으로 직면하는 문제들에 대한 관심을 촉구하고, 지구촌 공동체에 대한 소속감, 연대감 및 책임감을 고양하며, 인권, 사회정의, 다양성, 평화, 지속가능발전의 가치를 내재화하는 교육이다.

세계시민 교육의 목표는 오늘날 주요 글로벌 이슈 및 지구촌의 상호 의존성에 대한 통합적 지식과 비판적 이해를 바탕으로, 인류 공동의 문제를 평화롭고 지속 가능하게 해결해 나갈 수 있는 소통, 협업, 창의 및 실천의 기술을 습득하고 역량을 키워나가는 것이다.

세계시민 교육은 왜 필요할까?

세계시민 교육이 필요한 이유는 다음과 같다.

첫 번째는 국제적 문제가 전 세계에 영향을 미치기 때문이다. 환경오염을 예로 들어보면, 한 나라의 환경오염이 해당 국가뿐 아니라 주변 국가에 직간접적인 영향을 미칠 뿐 아니라 지구온난화 등을 유발하여 전 세계에 영향을 미친다. 국제적인 문제들이 전 세계에, 그리고 궁극적으로는 나에게까지 영향을 미친다는 것을 인식하고, 해결하기 위해 관심과 노력을 기울일 필요가 있다.

두 번째는 세계화가 진행되면서 우리가 접하거나 도울 수 있는 문제들이 더 이상 우리나라(국가)에만 국한되지 않기 때문이다. 지구 반대편 국가에서 일어나는 이슈를 인터넷을 통해 실시간으로 접할 수도 있고, SNS를 통해 외국인 친구를 사귈 수도 있으며, 세계 여행으로 다른 국가의 문화를 체험할 수도 있다. 마찬가지로 우리의 행동을 지구 반대편 사람들도 실시간으로 접할 수 있으며, 기부, 사회운동, 봉사활동 등으로 다른 나라 사람들에게 도움을 줄 수도 있다. 우리는 세계시민으로서 국경을 뛰어넘어 세계 곳곳에서 발생하는 문제들을 해결하는 데 얼마든지 도움이 될 수 있다.

세계시민이 되기 위해 관심을 가져야 할 우리 주변의 일들은?

빈곤, 기후, 인권, 노동, 인구, 불평등, 에너지 등 우리가 관심을 가져야 할 문제들이 생각보다 많다. 그렇다고 너무 거창하게 생각할 필요 없다. 내 주변에도 지구적 문제와 관련된 일들이 얼마든지 있고, 그것을 발견하는 것이 세계시민이 되는 출발점이다.

탄소 배출 문제

첫 번째로 살펴볼 내용은 탄소 배출이다. 우리 인류가 에너지 및 자원을 이용하는 방식에 대해 관심을 가져본 적이 있는가? 현재 인류의 에너지 및 자원 이용 방식은 지속 가능할까? 어렵게 느껴지겠지만 우리의 삶을 되돌아보면서 함께 생각해 보자.

인류는 고대부터 나무를 비롯하여 자연에서 에너지를 얻어왔고, 화석연료를 발견한 이후부터 현재까지 그 방식을 고수하고 있다. 즉, 나무를 태우거나 석탄, 석유 같은 화석연료를 사용하여 에너지를 얻는다. 이러한 전통적인 방식은 현재 심각한 문제를 낳고 있다. 화석연료는 땅에 묻힌 식물이나 동물이 오랜 시간에 걸쳐 열과 압력을 받아 그 성질이 변하여 만들어진 것인데, 매장량이 한정되어 있다. 말하자면 자원이 고갈될 위기에 처해 있다는 것이다. 2013년 발표된 〈유엔 미래 보고서 2040〉에서는 2030년에 화석에너지가 고갈될 것으로 전망했다(물론 지금은 매장된 화석연료를 당시 예상보다 더 많이 발견했다).

하지만 더 심각한 문제는 화석연료를 사용하면 탄소가 배출된다는 점이다. 이렇게 배출된 탄소는 지구온난화를 일으키는 주범이다. 지구온난화를 일으키는 '온실가스'에는 이산화탄소(CO_2), 메탄(CH_4), 아산화질소(N_2O), 수화불화탄소(HFCs), 과불화탄소(PFCs), 육불화유황(SF_6)이 있다. 이렇듯 온실가스에 탄소(C)가 포함되는 기체가 다수 들어 있기 때문에 온실가스 배출과 탄소 배출이 비슷한 의미로 사용된다.

이런 탄소 배출이 나와 상관없는 일이라고 생각하는가? 생각보다 우리의 많은 행동이 탄소 배출을 유발한다. 우리가 쉽게 생각할 수 있는 것으로 석유(휘발유와 경유)를 사용하는 내연기관 자동차를 타는 것부터, 엘리베이터, 냉난방기 사용과 고기 먹기, 분리수거 하지 않기, 이메일 쌓아두기, 물 낭비하기 같은 행동들이 전부 탄소 배출을 유발한다. 우리에게 편리함을 제공해 주는 대부분의 일들이 에너지를 직접 사용하지 않아도 결국에는 탄소를 배출한다는 것이다. 다시 말해 '낭비'하는 행동들은 대개 환경오염을 유발한다.

어쩌면 너무 먼 미래의 이야기라고 외면하고 있을지도 모른다. 그러나 환경오염으로 인한 기후변화는 이미 우리가 체감할 만큼 가까이 다가왔다. 여름에는 폭염이, 겨울에는 한파가 예전보다 더 심각하고, 사계절이 뚜렷했던 우리나라의 봄과 가을이 점점 짧아지고 있다.

그렇다면 탄소를 적게 배출하는 방법은 없을까? 힘들기는 하지만 방법이 있기는 하다. '힘들다'고 표현한 이유는 아직까지 기존 방식을 대체할 효율적인 에너지가 충분히 개발되지 못했기 때문이다. 기존의 화석연료를 대체할 지속 가능한 방식은 바로 신재생에너지를 이용하는 것이다.

신재생에너지란 기존의 화석연료를 재활용하거나 재생 가능한 에너지를 이용하는 것을 말한다. 재생 가능하기 때문에 화석연료와 달리 고갈되지 않고, 오염물질이 적어 환경 친화적이다. 하지만 아직까지는 발전소를 건설할 때 자연환경의 영향을 많이 받으며 초기 개발 비용이 많이 들어가서 경제성이 낮은 편이다. 신재생에너지로는 태양

빛과 태양열을 모아서 만드는 태양에너지, 바람의 힘으로 전력을 생산하는 풍력에너지, 지하수나 지하의 열을 이용하는 지열에너지, 동식물을 유기물로 분해하여 에너지를 얻는 바이오에너지, 조석·조류·파랑 등을 이용하는 해양에너지, 수소와 산소를 화학반응시켜 에너지를 얻는 연료전지 등이 있다.

그렇다면 우리는 생산된 신재생에너지를 쓰면 되는 것일까? 그것 또한 쉽지 않다. 현재 대한민국에서 사용하는 에너지의 대부분은 화력발전과 원자력발전에 의한 것이다. 우리나라에서 신재생에너지가 차지하는 비중은 매우 낮다. 신재생에너지의 발전이 더딘 상황에서 우리가 할 수 있는 일은 무엇일까?

우선 현재 화석연료로 만들어진 에너지를 최대한 적게 사용해야 한다. 세계시민으로서 에너지 및 자원 고갈이 초래할 문제점을 인식하고 신재생에너지로 완전히 전환될 때까지 화석연료 에너지 사용을 줄이기 위해 노력해야 한다. 가정과 교실에서는 불필요하게 켜져 있는 전기를 끄고, 대기전력을 차단하는 소소한 노력부터 시작한다. 이처럼 우리가 일상에서 실행할 수 있는 것들이 수없이 많다. 사실 수입 농산물이 화석연료로 움직이는 배를 타고 온다는 불편한 진실까지 이야기할 필요 없다. 다만 우리가 일상적으로 먹는 음식물들은 모두 에너지를 소모해서 생산된 것이라는 점을 생각해야 한다.

신재생에너지에 대해 관심을 가지고 확산하기 위해 노력해야 한다. 현재의 신재생에너지는 많은 한계점을 지니고 있다. 태양광발전은 많은 공간을 차지할 뿐만 아니라 에너지 효율이 낮고, 풍력발전은 소음 문제가 따르며, 조력발전 및 파력발전 등은 위치적 제한이 크다. 하지만 이 같은 한계가 있다고 해서 신재생에너지의 미래를 폄하하거나 외면해서는 안 된다. 미래의 주역이자 세계시민의 일원인 우리가 한계를 극복하고 지속 가능한 발전을 이룰 수 있도록 연구하고 개발하는 역할을 수행해야 한다. 신재생에너지 전문가를 미래의 꿈으로 생각해 볼 수도 있다.

해양오염 문제

인간은 대부분 육지에 살고 있지만 바다는 지구의 약 70%를 차지한다. 바다도 지구의 일부분인데, 그동안 넓고 깊은 바다에 너무나 많은 오염물질 배출과 쓰레기 투기가 지속되어 왔다. 바다와 육지가 맞닿은 부분을 해안이라고 한다. 일본 후쿠시마 해안의 방사능 오염수 배출을 두고 많은 논란이 제기되었다. 오염수 배출이 미치는 영향에 대한 진실은 과학의 영역이지만 불안한 마음을 지울 수 없다. 더 큰 불편함은 인류가 바다에 방사능 오염수뿐만 아니라 수많은 오염물질과 쓰레기를 꾸준히 버려 왔고 지금도 버리고 있다는 사실이다.

지금 이 순간에도 정화되지 않은 유해한 오염물질이 지구 어디에선가 계속해서 배출되고 있으며, 셀 수 없이 많은 쓰레기들이 바다에 투기되고 있다. 그 피해는 고스란히 바다 생태계를 이루는 생물들이 받고 있다. 플라스틱 아일랜드라거나 돌고래의 배 속에서 나온 비닐 같은 이슈가 아니더라도 충분히 심각성을 인식해야 할 것이다.

유엔환경계획의 자료에 따르면 연간 10만 마리 이상의 해양 포유류, 100만 마리 이상의 바닷새가 해양 쓰레기로 인해 폐사하거나 생존에 악영향을 받고 있다고 한다. 이것이 우리와 관계없는 일이라고 생각하는가? 그렇지 않다. 연구 결과(미국 비영리 환경 보호단체 'The 5 Gyres Institute')에 따르면 전 세계 바다에 떠다니는 미세 플라스틱 입자가 171조 개에 달하고, 총무게만 230만 톤(t)으로 추정된다고 한다. 생물들이 미세 플라스틱을 섭취할 경우 다양한 질병이 발생할 수 있고, 전체 먹이사슬이 교란될 뿐만 아니라 해산물을 먹는 우리에게도 큰 위협이 될 수 있다. 이와 같이 해양오염은 생태계 파괴를 비롯하여, 해양생물에게 독성 및 질병 유발, 해산물을 섭취하는 인간의 건강 문제, 해변 및 해안 오염, 기후변화 등을 초래한다.

이렇게 해양오염 문제가 심각한데, 우리는 무엇을 해야 하는 걸까? 카페에서 플라스틱 빨대 대신 종이 빨대를 사용하는 것만으로 바다가 처한 어려움을 해결할 수 있을까?

우선 바다도 지구의 일부분이라는 인식부터 가져야 한다. 교실에서 쓰레기를 버리는 친구들은 교실도 지구의 일부라고 생각할 필요가 있다. 무작정 버리지 않고 다시 사용하기 위한 기본적인 노력도 중요하다. 세계시민으로서 지구 자체를 소중하게 생각하고 지구가 우리에게 내어준 소중한 자원들을 아껴야 한다. 일회용이 아니더라도 너무 쉽게 구매하고 쉽게 버리는 패스트 패션이나 물건들로 지구가 뒤덮이지 않도록 하는 것이 올바른 선택이다.

우리나라 서해에 기름이 유출되었을 때 수많은 국민들이 직접 나서서 기름을 제거하는 작업을 했다. 오염된 바다에 대한 안타까운 마음과 세계시민의 태도가 우리를 움직이게 했다. 그런데 요즘 서해는 기름 대신 쓰레기로 뒤덮이고 있다. 그렇게 더럽혀진 해안은 누가 구해야 할까? 일시적인 것이 아니라 꾸준히 관심을 가지는 사람이 진정한 주인이다. 그리고 지구의 주인은 바로 우리다. 이러한 주인의식이야말로 세계시민으로서 갖춰야 할 중요한 자질이다.

그럼 우리가 실질적으로 해양오염을 막기 위해 할 수 있는 일들은 무엇일까? 호주 바닷가에 가면 전복이 많이 서식하고 있다. 바닷가에서 전복을 발견한 한국 사람들은 반가운 마음과 동시에 욕심이 교차할 수밖에 없다. 있는 대로 최대한 채취하고 싶지만, 호주에서는 정해진 양만큼 채취할 수 있다. 이처럼 자연을 유지할 수 있는 한도 내에서 인간의 이용을 허용하는 규칙이 필요하다. 어족 보호를 위해 금어 기간을 지키고 마구잡이 및 불법 조업을 막아야 한다. 관련 법도 필요하지만 그것을 지키려는 우리의 태도가 더욱 중요하다.

바닷가에 살아야 바다에 관심을 가지는 것은 아니다. 여러분은 바다에 대해 얼마나 관심을 가지고 있는가? 플라스틱 아일랜드라는 말을 들어보기는 했는데 정확히 그 섬이 어디에 있는지 얼마나 큰지는 잘 모른다. 마치 강 건너 불구경 하듯이 남의 이야기처럼 생각한다. 바다생물들이 플라스틱 때문에 죽어간다는 이야기는 들었지만 그게 구체적으로 어떤 물건 때문인지는 잘 모른다. 모르는 것이 죄냐고 하는데, 사실 모르는 건 죄다. 우리가 무심코 하는 행동들이 바다를 죽이고 있기 때문이다. 세계시민으로서 지구에 대한 관심은 선택이 아닌 필수이다.

빈곤 문제

빈곤의 사전적 의미는 '기본적 욕구가 충족되지 않은 상태'로, 최저의 생활수준도 유지하지 못하는 절대 빈곤과 사회 구성원 중 다수가 누리는 생활수준에 미치지 못하는 상대적 빈곤으로 구분된다.

전 세계에는 빈곤으로 어려움을 겪는 사람들이 얼마나 있을까? 일단 우리나라는 노인층의 빈곤율이 높다. 노인 빈곤율은 2022년(통계청, 가계금융복지조사) 38.1%로 매우 높은 수준이다(물론 이것은 '상대적 빈곤율'이며, 가처분소득 이외의 자산을 포함하면 노인 빈곤율이 실제로는 더 낮을 것이라는 의견이 있다). 고령사회로 나아가고 있는 우리나라에서 노인 빈곤율이 높은 것은 심각한 문제이다.

북한의 경우는 어떨까? 북한은 전체 인구의 42.4%인 약 1,100만 명이 영양 부족을 겪고 있고, 5세 미만 아동의 19.1%가 만성 영양실조로 고통받고 있다.

유엔개발계획(UNDP)에 따르면 전 세계 인구의 약 9.2%인 7억 명가량이 극심한 빈곤 속에 살고 있다. 그들은 하루 1.9달러(약 2,500원) 미만으로 생활하고 있으며, 그 외에도 전 세계 인구의 26%인 13억 명이 1.9달러에서 3.2달러 사이로 생활하는 중간 정도의 빈곤에 처해 있다. 빈곤은 건강, 교육 및 전반적인 복지의 결핍을 가져온다.

빈곤으로 어려움을 겪는 국가들은 기근 이외에도 학습 빈곤을 겪고 있다. 세계은행과 유네스코 등의 '2022 전 세계 학습 빈곤 현황'에 따르면, 사하라 이남 아프리카는 10세 아동을 기준으로 간단한 문장도 제대로 이해하지 못하는 비율이 89%나 된다. 기근 문제는 표면적으로 드러나기에 전 세계 각지에서 도움이 이어지지만, 교육의 위기는 당장 드러나지 않기 때문에 방치되었다가 미래에 더 큰 재앙을 불러올 수 있다.

빈곤을 해결할 수 있는 방안은 무엇일까? 국제적인 차원에서는 국제 협력을 강화할 필요가 있다. 세계 각국은 빈곤 문제에 관심을 가지고, 개발도상국들에게 기술과 자금을 지원하여 경제 성장을 도와서 사회복지 체계를 구축할 수 있도록 해야 한다. 또한 빈곤의 원인이 되는 전쟁, 국제 물가 상승, 기후변화를 해결하기 위해 합의된 국제규약을 만들고 시행해야 한다.

그렇다면 우리가 직접 할 수 있는 실천 방안에는 무엇이 있을까?

첫 번째로 가장 간단한 방법은 후원이다. 우리에게는 적은 돈이지만 빈곤을 겪고 있는 사람에게는 깨끗한 식수를 마실 수 있을 정도로 큰 도움이 된다. 여러 기관들을 통해 단체 모금, 일대일 지정 후원 등 다양한 방식으로 후원에 참여할 수 있다.

두 번째는 재능기부와 봉사이다. 꼭 돈을 후원하는 것이 아니어도 봉사활동을 통해 빈곤에 처한 사람들에게 도움이 될 수 있다. 국내에서 저소득층을 대상으로 교육 봉사활동을 하거나 일손이 부족한 노숙자 보호시설에서 봉사원으로 도움을 줄 수도 있다. 해외 파견을 통해 보건·행정·교육·기술·농림수산 등 다양한 분야에서 자신이 할 수 있는 활동을 하여 빈곤을 겪고 있는 사람들에게 실질적인 도움을 줄 수도 있다.

세 번째는 캠페인 및 사회운동 참여이다. 앞서 말했듯이 빈곤의 원인은 전쟁, 기후변화 등 다양하다. 사회적 차별이나 전쟁에 반대하는 캠페인, 기후변화를 막기 위한 환경운동, 조깅을 하면서 쓰레기를 줍는 플로깅(plogging)에 참여할 수도 있다.

빈곤 문제를 해결하기 위한 실천 방안이 너무 거창해 보이는가? 우리의 작은 실천이 모이면 거창한 변화를 이루어낼 수 있다.

2023년 2월, 튀르키예에 발생한 지진으로 국내는 물론 국경을 접하고 있는 시리아까지 큰 피해를 입었다. 상당수의 사람들이 죽고 가까스로 살아남은 아동들은 사랑하는 사람, 집, 학교, 지역사회를 잃었다. 국제구호단체 세이브더칠드런은 긴급 구호에 나섰고, 1년 동안 튀르키예와 시리아에서 아동 51만 2,441명을 포함하여 98만 2,858명에게 임시 거주지 및 필수 물품, 식수 및 위생, 영양, 정신건강, 의료 및 보건 서비스 등을 지원했다. 우리 한명 한명이 참여한 작은 후원금이 모여 큰 성과를 가져온 것이다.

후원을 하는 것뿐만 아니라, 빈곤 문제를 해결하기 위한 다양한 실천 방법들이 있다. 우리가 세계의 빈곤 문제에 관심이 있다는 것을 알리고 해결을 촉구하기 위한 행동을 한다면, 분명 그것은 누군가에게 영향을 주고, 문제 해결을 위해 조금씩 나아갈 수 있을 것이다.

세계시민 교육 보드게임 소개

이 책에서는 세계시민이 되기 위해 관심을 가져야 할 주제를 다양한 보드게임으로 배운다.

'탄소 배출 선 지키기 게임'은 지구온난화를 가속화하는 탄소 배출의 요인을 알아보고, 우리가 할 수 있는 생활 속 실천 방법을 깨우치는 게임이다. 협력적 게임 활동을 통해 탄소중립의 의미를 되새기고 세계시민으로서 실천하는 태도를 가지기를 희망한다.

'바다도 지구야 게임'은 바다도 지구의 일부임을 인식하고, 우리가 보호해야 할 생태계와 이를 지키기 위한 구체적인 해결 방안을 배우는 게임이다. 게임을 통해 해양 쓰레기 문제의 심각성을 인식하고 해결하기 위한 노력에 동참하는 세계시민으로 거듭나기를 기대해 본다.

'빈곤 구제 게임'은 얼마나 많은 인류가 빈곤의 어려움을 겪고 있는지 살펴보고, 빈곤 해결에 보탬이 될 행동을 배워보는 게임이다. 꼭 금전적인 지원이 아니더라도 빈곤 해소를 위해 할 수 있는 다양한 방법이 있음을 알고 실천해 나가는 계기가 되기를 바란다.

참고자료
정우탁, 《세계시민교육과 SDGs》, 주류성, 2021.
에다 샌트 외 3명, 《세계시민교육》, 다봄교육, 2021.

2장

세계시민 보드게임

게임으로 세계시민이 되자!

지금은 나 혼자, 나만을 위해 노력한다고 잘 살 수 있는 사회가 아니다. 세계시민으로서 지구 공동의 문제에 관심을 가지고 해결해 나가야 우리 모두 잘 사는 사회가 된다. 지구촌 공동체가 함께 문제를 해결하기 위한 기본적인 시민의식을 공유하는 것이 첫걸음이다. 세상에는 우리가 알고 있는 것보다 훨씬 더 많은 문제들이 발생하고 있다. 세계시민으로서 관심을 가져야 할 문제 가운데 재미있고 의미 있게 접근할 수 있는 3가지 주제를 게임으로 구상했다.

게임을 통해 다음의 3가지 목표가 달성되기를 기대한다.
첫째, 일상의 탄소 배출 요인에 대해 인식하고 평소 탄소중립을 위한 행동을 몸에 익힌다. 나아가 탄소중립을 위한 적극적인 실천 방안을 고민하고 제시하여 사회를 변화시킬 수 있는 세계시민이 되어보자.
둘째, 바다도 우리가 살아가는 지구의 한 부분이라는 것을 인식한다. 평소에 버리는 쓰레기가 해양에 어떤 영향을 끼치는지 이해하고, 멸종위기에 처한 해양생물들을 보호하여 해양오염을 해결하는 주인공으로 우뚝 서기를 바란다.
마지막으로 전 세계에서 빈곤 문제로 인해 기근과 각종 어려움을 겪는 정도와 규모에 대해 관심을 갖는다. 우리의 작은 도움이 그들에게는 큰 행복이 될 수 있음을 깨닫고, 다양한 방법으로 빈곤 구제에 앞장서는 사람이 되자.
《사회 보드게임》,《정치문화 보드게임》,《기후환경 보드게임》등에서 다루었던 주제들을 넘어서 더 넓은 영역에 관심을 가지고 지구촌 공동체의 문제 해결을 위해 행동하는 세계시민이 되기를 기대한다.

우리는 혼자 사는 것이 아니다.
세계시민 의식을 갖춘 선두주자가 되어 미래를 이끌어나가자.

탄소 배출 선 지키기 게임

학습 목표

탄소중립을 위해 우리가 할 수 있는 실천 방안을 찾고 제시할 수 있다.

- **공동체 역량**

  탄소중립을 위한 실천 방안에 능동적으로 참여할 수 있다.

- **지식정보 처리 역량**

  탄소 배출 요인 및 감축 방안을 구체적으로 설명할 수 있다.

- **의사소통 역량**

  탄소 배출 감축 방안과 배출 요인을 제시할 수 있다.

준비물

게임 카드 96장, 탄소배출권 카드 6장

학습 절차

도입	○ 기후변화로 인해 지구촌이 겪는 어려움 알아보기 ○ 탄소중립을 위한 실천 방안을 함께 찾아보기 - 검색해 보기, 브레인스토밍 해보기 등

전개	○ 게임 목표 제시
	  : 탄소중립을 위한 구체적인 실천 방안을 제시할 수 있다.
	○ 게임 준비
	  ① 2~5명을 한 모둠으로 구성한다.
	  ② 게임 설명서를 나눠주고 게임 방법을 안내한다.
	○ 게임 진행 과정
	  ① 탄소 감축 방안 및 배출 요인을 기록하는 활동지를 받는다.
	  ② 탄소배출권 카드를 1장씩 나눠 갖는다.
	  ③ 게임 카드를 섞어서 더미를 만들고 5장씩 나눠 갖는다.
	  ④ 바닥에 게임 시작을 위한 탄소중립 카드를 펼쳐둔다.
	  - 탄소중립 카드는 숫자 0인 상태로 간주한다.
	  ⑤ 순서를 정하고 자기 차례가 되면 바닥에 이미 펼쳐진 카드 더미 위에 자신의 카드를 내려놓고 숫자를 더해서 그 합을 외친다.
	  - 앞사람이 외친 숫자를 잘 기억했다가 자신이 내려놓은 카드를 계속 더해간다.
	  - 0 이하로 합을 만들 수는 없다.
	  ⑥ 자기 차례에 카드를 1장 내려놓으면 더미에서 1장을 보충해야 하는데, 잊어버리고 순서가 지나가면 보충할 수 없다.
	  ⑦ 바닥에 내려놓은 카드의 합은 100을 넘을 수 없으며, 100 이하의 숫자를 부르지 못하면 게임에서 탈락한다.
	  - 101 이상의 합을 만드는 사람은 탈락한다.
	  - 탄소 배출 요인 카드를 내면 합이 높아지고, 탄소 감축 방안 카드를 내면 합이 낮아진다.
	  - **방향 전환 카드** 어떠한 숫자도 더하지 않고 게임 진행 방향을 전환한다.
	  - **점프 카드** 자기 차례를 건너뛰고 다음 사람으로 게임을 진행한다.
	  - **탄소 감축 방안 카드** 탄소 감축 방안을 말하면 1~10까지 원하는 수만큼 감할 수 있다.(한 게임에서 말했던 방안은 중복 금지)
	  - **탄소 배출 요인 카드** 탄소 배출 요인을 말하면 1~10까지 원하는 수만큼 더할 수 있다.(한 게임에서 말했던 요인은 중복 금지)
	  * 게임 중 제시한 탄소 감축 방안 및 배출 요인은 활동지에 기록
	  ⑧ 위기 상황에서 가지고 있던 탄소배출권 카드를 제출하면 손에 쥐고 있던 카드를 모두 버리고 새롭게 5장의 카드를 받아서 게임을 진행할 수 있다.

전개	⑨ 더미의 카드가 모두 소진되면 바닥에 펼친 카드를 다시 섞어서 더미를 보충한다. ⑩ 중도에 탈락하지 않고 끝까지 살아남은 사람이 승리한다.
마무리	○ 게임 내용 분석하기 및 확인하기 게임 내용을 바탕으로 탄소중립 실천 방안 테스트를 진행한다.

학습 도움말

1. 게임 활용 시점

세계시민 교육에서 세계적인 기후변화의 원인 및 해결책에 대해 공부하기 전에 게임을 진행하면 학습할 내용을 미리 살펴보는 비계 역할을 할 수 있다. 학습 이후 게임을 활용하면 학습 내용을 정리하고 구체적인 실천 방안을 도출하는 데 도움이 된다.

2. 게임 카드 활용하기

카드의 합을 낮추는 카드는 탄소 감축 방법 및 실천 방안을 담고 있으며, 카드의 합을 높이는 카드는 탄소 배출 요인을 담고 있다. 게임을 진행하면서 탄소 감축 방법과 탄소 배출 요인을 파악하고, 이를 바탕으로 탄소 감축 방안 카드 및 탄소 배출 요인 카드를 활용해 다시 한 번 발표하게 함으로써 게임과 학습을 유기적으로 연결할 수 있다.

3. 게임 규칙 이해 및 주의 사항

이 게임은 앞 플레이어가 외치는 카드의 합을 경청하지 않으면 다음 차례로 게임이 진행될 수 없는 구조이다. 앞 사람이 말한 숫자의 합에서 내가 가진 카드를 더하거나 빼는 구조임을 충분히 설명하고 게임에 참여하도록 사전에 안내해야 한다.

4. 추가 기능 카드 설명

방향 전환 카드를 자기 차례에 내려놓으면 추가적으로 다른 카드를 제출할 필요 없이 진행 방향이 바뀌고 다음 차례의 사람이 카드를 내려놓아야 한다. 이때 다음 사람은 이전 사람이 말했던 숫자의 합에서 더하거나 빼기를 진행하면 된다. 점프 카드는 자기 차례를 건너뛰고 다음 사람이 게임을 진행하면 된다.

5. 정리 학습지의 효과적 활용

학생들이 게임에만 몰입하다 보면 탄소 배출 요인 및 감축 방안에 관심을 가지지 못할 수 있다. 게임 이후 카드의 내용을 바탕으로 테스트한다는 것을 사전에 안내하고 진행하면 효과적이다.

6. 배움과 삶의 연결 활동

게임을 통해 알게 된 내용을 바탕으로 탄소중립 실천 챌린지를 일정 기간 진행하고 공유함으로써 배움과 삶을 연결할 수 있다.

활동지
탄소 배출 선 지키기 게임

게임 활동 중에 탄소 감축 방안 및 배출 요인 카드의 발표 내용을 함께 기록하세요.(한 게임에서 내용이 중복되는 것은 불가하다.)

1차 게임(감축 방안 및 배출 요인 카드 기록 공간)

감축 방안			
배출 요인			

2차 게임(감축 방안 및 배출 요인 카드 기록 공간)

감축 방안			
배출 요인			

3차 게임(감축 방안 및 배출 요인 카드 기록 공간)

감축 방안			
배출 요인			

 **학습 정리**

탄소중립 실천 방안 테스트

• 탄소 감축을 위해서는 생활 속 개인의 실천도 필요하다.(게임으로 배운 방법 확인하기)

1. 종이컵 대신 □□□ 사용	텀블러
2. 시장이나 마트에서 비닐봉지 대신 □□□ 사용	에코백
3. 에너지 □□□□이 높은 가전제품 구입	효율등급
4. 가까운 거리는 걷거나 자전거 또는 □□□□ 이용하기	대중교통
5. 유리병과 캔 등 재활용할 수 있는 쓰레기는 철저하게 □□□□ 하기	분리배출
6. 음식물 □□□ 줄이기	쓰레기
7. 오래 사용하지 않는 가전제품은 □□□를 뽑아서 대기전력 줄이기	플러그
8. 전기를 아끼는 그린터치나 물을 아끼는 □□□ 사용하기	절수기
9. 냉난방 온도를 낮추고 더울 때는 반바지 입기, 추울 때는 □□ 입기	내복
10. 차 트렁크에서 불필요한 □ 줄이기	짐
11. 차를 운전할 때는 급제동, 급출발을 하지 않고 □□ 속도 유지하기	경제
12. 이메일 보관함에서 □□□한 이메일 삭제하기	불필요
13. 컴퓨터와 스마트폰 이용 시 전력을 아끼는 □□ 모드 활용하기	절전
14. 종이 영수증 대신 □□□ 영수증 발급으로 바꾸기	모바일
15. 샤워 시간 줄이고, 물 받아두고 □□□하기	설거지
16. 제철 과일과 그 지역에서 생산된 □□□□ 이용하기	로컬푸드
17. 승강기 대신 □□ 이용하기	계단
18. 구입한 물품은 □□ 쓰고 나눠 쓰기	아껴
19. □□□할 수 있는 물건은 다시 사용하기	재활용, 재사용
20. 소비할 때 탄소□□□ 생각하고 소비하기	발자국, 배출량

나의 탄소중립 실천을 위한 기초 지식 점수

점수	지금 당장 해야 할 일
20~16점	당신은 탄소중립에 대해 잘 아시는군요. 이제 실천하러 갑시다.
15~10점	게임을 한 번 더 하면서 탄소중립에 대한 실천 방법을 배워봅니다.
9점 이하	탄소중립에 대한 관심과 공부가 조금 더 필요합니다.

자기-동료-교사 평가

1. 자기평가는 다음과 같은 내용을 떠올려 기록합니다.

• 게임 과정에서 잘했던 것	• 게임 과정에서 좋았던 것	• 내 재능을 새롭게 발견한 것
• 내용에 대해 새롭게 발견한 것	• 감동/재미있었던 것	• 미래에 갖고 싶은 직업
• 더 알고 싶은 것(호기심)	• 친구에게 잘 설명했던 것	• 어려움을 극복한 것

예) 나는 게임 과정에서 다른 사람의 심리를 잘 파악했다.(잘한 것→공감 능력, 분석력)

2. 동료 평가는 다음과 같은 내용을 잘 관찰하여 기록합니다.

• 친구가 잘했다고 생각하는 것	• 좋아했다고 생각하는 것	• 감동하면서 만족했던 것
• 평소와 다른 행동을 발견한 것	• 질문했던 것	• 어려움을 극복했던 것
• 협의와 타협점을 찾았던 것	• 친구에게 어울리는 직업	• 상대방에 대한 경청과 배려

3. 교사 평가는 교사가 게임 과정에서 발견한 내용을 기록합니다.

- 게임 과정에서 교사가 구체적인 역량 요소를 관찰하여 발견한 경우
- 게임 과정에서 학생이 교사에게 의미 있는 질문을 했던 것
- 교사가 정의 부분에서 칭찬할 만한 경우

게임 활동 평가 기록

자기평가	동료 평가	교사 평가

 **평가 루브릭**

아래 내용을 참고하여 이 주제의 학습 활동에 대한 소감문을 써봅시다.

활동 주제		학번	
활동 일시		성명	

◎ 아래 항목 중 3~4개 정도를 선택하여 활동 소감문을 자유롭게 작성하세요.
- 나는 이 주제 활동에서 (　　　) 역할을 수행했습니다.
- 나는 이 주제 활동에서 (　　　)에 관한 질문을 했습니다.
- 나는 이 주제 활동에서 (　　　) 대해서 배웠습니다.
- 나는 이 주제 활동 이후 (　　　)에 대해서 더 알고 싶습니다.
- 나는 이 주제 활동에서 (　　　)이(가) 가장 재미있었습니다.
- 나는 이 주제 활동에서 (　　　)이(가) 어려워서 도움이 필요했습니다.
- 이 주제 활동에서 나에게 가장 중요한 것은 (　　　)이었습니다.
- 나는 이 주제 활동에서 (　　　)을(를) 새롭게 발견했습니다.

활동에 대한 평가

평가 요소	채점 기준		
탄소 배출 요인 제시하기	탄소 배출 요인에 대해 다양하고 구체적으로 제시했다.	탄소 배출 요인에 대해 대략적으로 몇 가지를 제시했다.	탄소 배출 요인에 대해 제대로 제시하지 못했다.
	10	6	2
탄소중립 실천 방안 제시하기	탄소중립을 위한 구체적인 실천 방안을 다양하게 제시했다.	탄소중립을 위한 대략적인 실천 방안을 몇 가지 제시했다.	탄소중립을 위한 실천 방안을 제대로 제시하지 못했다.
	10	6	2

바다도 지구야 게임

학습 목표

바다도 지구라는 인식을 가지고 바다를 보호하기 위한 실천 방안을 제시할 수 있다.

- 공동체 역량

  바다를 보호하기 위한 노력에 능동적으로 참여할 수 있다.

- 지식정보 처리 역량

  바다를 파괴하는 요소와 해결 방안을 구체적으로 설명할 수 있다.

- 의사소통 역량

  바다를 보호하기 위한 해결 방안을 주변에 알리고 나눌 수 있다.

준비물

쓰레기 카드 72장, 해양생물 카드 48장, 해결책 카드 24장

학습 절차

도입	○ 해양오염의 실태에 대해 함께 탐색해 보기 ○ 플라스틱 및 해양 쓰레기의 분해 시간에 대해 탐구해 보기

전개	○ 게임 목표 제시
	  : 해양오염을 막을 수 있는 실천 방안을 제시할 수 있다.
	○ 게임 준비
	  ① 2~3명을 한 모둠으로 구성한다.
	  ② 게임 설명서를 나눠주고 게임 방법을 안내한다.
	○ 게임 진행 과정
	  ① 쓰레기 카드, 해양생물 카드, 해결책 카드를 섞어서 하나의 더미를 만든다.
	  ② 각 플레이어 앞에 3×3(아래 배치 참고)으로 카드를 펼쳐둔다.

	◀ 더미에서 랜덤으로 펼친 결과
	
	  ③ 순서를 정하고 차례가 되면 펼쳐진 카드 하나를 집어서 다른 카드를 덮는다.
	   - 자기 차례에 반드시 카드 이동(덮기)을 한 번 진행해야 한다.
	   - 카드는 대각선 이동은 불가능하며 상하좌우 1칸만 이동 가능하다.
	   - 카드 덮기 원칙은 쓰레기 카드는 해양생물 카드를 덮을 수 있지만 그 반대는 불가능하다.
	   - 해양생물 카드는 해결책 카드를 덮을 수 있지만 그 반대는 불가능하다.
	   - 해결책 카드는 쓰레기 카드를 덮을 수 있지만 그 반대는 불가능하다.
	   - 같은 종류의 카드는 상호 덮기가 불가능하다.
	   - 카드 이동으로 빈 공간이 생기면 더미에서 1장을 가져와서 채운다.
	   - 덮은 카드가 누적 6장이 되면 자동으로 버려지고, 빈 공간은 더미에서 1장을 가져와서 채운다.
	  ④ 더 이상 모든 카드의 이동 및 덮기가 불가능할 경우 1회 경고를 받고 펼쳐진 카드 2장을 버린 다음 빈 공간은 더미에서 카드를 가져와서 채운다.
	  ⑤ 경고 이후 동일하게 이동 및 덮기가 불가능할 경우 게임에서 탈락한다.
	  ⑥ 바닥에 펼쳐진 모든 카드가 목표한 조합으로 바뀔 때까지 게임을 진행한다.
	  ⑦ 펼쳐진 모든 카드가 해양생물 카드 및 해결책 카드로 바뀌면 생태계가 회복되어 게임에서 승리한다.

마무리	○ 게임 내용 분석하기 및 확인하기 　게임 내용을 바탕으로 보호해야 할 해양생물과 바다를 보호하기 위한 해결책을 탐구한다.

학습 도움말

1. 게임 활용 시점

세계시민 교육에서 해양오염 분야를 다룰 때 동기 유발이나 학습 정리 용도로 활용할 수 있다. 해양오염은 학생들의 공감대가 부족한 경우가 많으므로 공감대를 형성하는 목적으로 활용할 수 있다.

2. 게임 난이도 조절하기

카드 배열을 3×3에서 4×4로 늘릴 경우 게임 난이도가 높아지며, 바닥에 펼쳐진 모든 카드를 해양생물 카드 및 해결책 카드로 바꾸는 대신 해양생물 카드로만 바꾸는 것으로 한정할 경우 난이도는 더 높아진다. 더불어 이동이 불가능한 경우 한 차례 2장의 카드를 바꿀 수 있는데 이때 1장의 카드만 교체하는 방식으로 다양하게 난이도를 조절할 수 있다.

3. 게임 규칙 이해 및 주의 사항

카드 덮기 규칙을 정확히 숙지하고 규칙대로 진행해야 한다. 덮기 규칙이 헷갈릴 수 있으므로 해양문제 해결 공식 카드를 참고하여 진행할 수 있다.

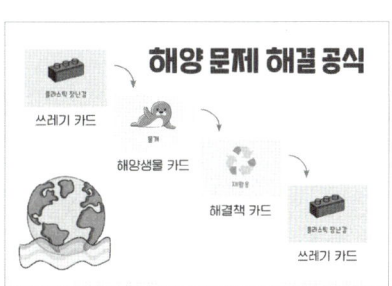

4. 게임 카드의 교육적 활용 방안

해양생물 카드에 제시된 가상의 생물이 아니라 실제 피해를 입고 있거나 멸종위기에 처한 생물을 탐구하여 직접 카드를 제작하거나 해양생물 카드에 이름을 붙이는 방식으로 실제성 및 교육적 효과를 높일 수 있다.

5. 배움과 삶의 연결 활동

게임을 통해 알게 된 내용을 바탕으로 해양오염 문제에 관심을 가지고 해양오염 방지를 위한 현실적인 실천 방안 및 해결 방안을 사람들에게 알리는 캠페인 및 서명운동을 전개할 수 있다. 더불어 해양생태계를 보호하기 위해 노력하는 환경 관련 시민단체를 실제 후원하는 방식으로 배움과 삶을 연결할 수 있다.

활동지
바다도 지구야 게임

게임 활동 중에 발견한 해양오염 쓰레기

게임 활동 중에 발견한 해양오염을 막는 방법

학습 정리

바다를 오염시키는 해양 쓰레기와 그로 인해 피해를 입은 해양생물의 모습을 인터넷에서 찾아 그리거나 붙여보자.

| 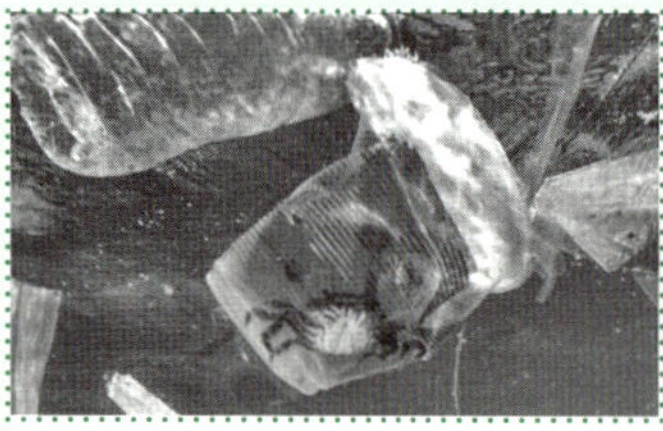 플라스틱에 갇힌 게 |  죽은 고래의 몸속에서 나온 쓰레기 | 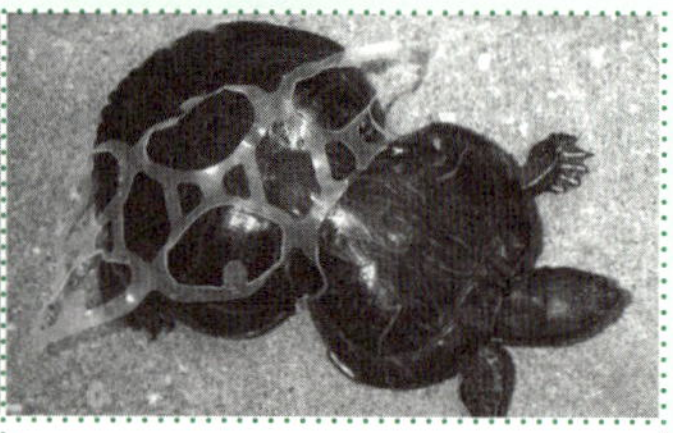 플라스틱에 낀 채 자란 거북이 |

출처 : 그린피스

실제 멸종위기의 해양생물 찾기

해양수산부 누리집 https://www.nie.re.kr/nie/main/contents.do?menuNo=200122

바다를 지키기 위한 해결 방안 제시하기

1	
2	
3	
4	
5	

✅ 자기-동료-교사 평가

1. 자기평가는 다음과 같은 내용을 떠올려 기록합니다.

• 게임 과정에서 잘했던 것	• 게임 과정에서 좋았던 것	• 내 재능을 새롭게 발견한 것
• 내용에 대해 새롭게 발견한 것	• 감동/재미있었던 것	• 미래에 갖고 싶은 직업
• 더 알고 싶은 것(호기심)	• 친구에게 잘 설명했던 것	• 어려움을 극복한 것

예) 나는 게임 과정에서 다른 사람의 심리를 잘 파악했다.(잘한 것→공감 능력, 분석력)

2. 동료 평가는 다음과 같은 내용을 잘 관찰하여 기록합니다.

• 친구가 잘했다고 생각하는 것	• 좋아했다고 생각하는 것	• 감동하면서 만족했던 것
• 평소와 다른 행동을 발견한 것	• 질문했던 것	• 어려움을 극복했던 것
• 협의와 타협점을 찾았던 것	• 친구에게 어울리는 직업	• 상대방에 대한 경청과 배려

3. 교사 평가는 교사가 게임 과정에서 발견한 내용을 기록합니다.

- 게임 과정에서 교사가 구체적인 역량 요소를 관찰하여 발견한 경우
- 게임 과정에서 학생이 교사에게 의미 있는 질문을 했던 것
- 교사가 정의 부분에서 칭찬할 만한 경우

게임 활동 평가 기록

자기평가	동료 평가	교사 평가

 평가 루브릭

아래 내용을 참고하여 이 주제의 학습 활동에 대한 소감문을 써봅시다.

활동 주제		학번	
활동 일시		성명	

◎ 아래 항목 중 3~4개 정도를 선택하여 활동 소감문을 자유롭게 작성하세요.
- 나는 이 주제 활동에서 (   ) 역할을 수행했습니다.
- 나는 이 주제 활동에서 (   )에 관한 질문을 했습니다.
- 나는 이 주제 활동에서 (   ) 대해서 배웠습니다.
- 나는 이 주제 활동 이후 (   )에 대해서 더 알고 싶습니다.
- 나는 이 주제 활동에서 (   )이(가) 가장 재미있었습니다.
- 나는 이 주제 활동에서 (   )이(가) 어려워서 도움이 필요했습니다.
- 이 주제 활동에서 나에게 가장 중요한 것은 (   )이었습니다.
- 나는 이 주제 활동에서 (   )을(를) 새롭게 발견했습니다.

활동에 대한 평가

평가 요소	채점 기준		
해양오염 원인 발견하기	해양오염의 원인에 대해 구체적이고 다양하게 제시했다.	해양오염의 원인에 대해 대략적으로 몇 가지 제시했다.	해양오염의 원인에 대해 제대로 제시하지 못했다.
	10	6	2
해양오염으로 인한 피해 제시하기	해양오염으로 인한 피해를 구체적이고 다양하게 제시했다.	해양오염으로 인한 피해를 대략적으로 몇 가지 제시했다.	해양오염으로 인한 피해에 대해 제대로 제시하지 못했다.
	10	6	2
해양오염 방지를 위한 해결 방안 제시하기	해양오염 방지를 위한 구체적인 해결 방안을 다양하게 제시했다.	해양오염 방지를 위한 대략적인 해결 방안을 몇 가지 제시했다.	해양오염 방지를 위한 해결 방안을 제대로 제시하지 못했다.
	10	6	2

빈곤 구제 게임

학습 목표

빈곤 문제에 관심을 가지고 해결을 위해 적극적으로 노력하는 태도를 가질 수 있다.

- **공동체 역량**

  빈곤 문제 해결에 능동적으로 참여할 수 있다.

- **지식정보 처리 역량**

  빈곤 문제가 발생하는 원인과 해결 방안을 구체적으로 설명할 수 있다.

- **의사소통 역량**

  빈곤 문제에 대해 주변에 알리고 해결 방안을 제시할 수 있다.

준비물

빈곤 카드 32장, 모금 카드 32장, 행동 카드 32장, 빈곤 카드판, 도움 카드판

학습 절차

도입	○ 빈곤과 기아에 시달리고 있는 지구촌 사람들에 대해 탐색해 보기 ○ 빈곤 문제의 원인에 대해 탐구해 보기

전개	○ 게임 목표 제시
	   : 빈곤 문제를 해결하기 위해 노력하는 태도를 가질 수 있다.
	○ 게임 준비
	   ① 3~6명을 한 모둠으로 구성한다.
	   ② 게임 설명서를 나눠주고 게임 방법을 안내한다.
	○ 게임 진행 과정
	   ① 빈곤 카드, 모금 카드, 행동 카드를 각각 섞어서 3개의 더미를 만든다.
	   ② 카드판에 맞춰 더미들을 놓고 빈곤 카드를 4장 펼쳐둔다.
	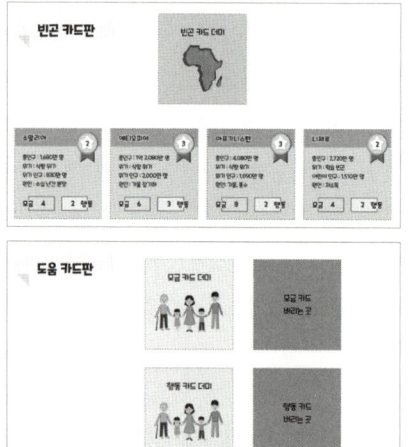
	◀ 카드판에 배치한 모습
	   ③ 순서를 정하고 차례가 되면 카드를 뽑거나 빈곤 카드를 구제한다.
	     - 카드 2장을 모금 카드와 행동 카드 중에서 가져간다.
	     - 손에 들고 있는 카드는 6장을 초과할 수 없다.
	     - 새로운 카드를 뽑기 위해 가지고 있는 카드를 버릴 수 있다.
	     - 빈곤 카드 구제(획득)를 위해서는 카드에 제시된 모금 카드와 행동 카드 점수 이상의 카드를 제출해야 한다.
	     - 행동 카드를 사용하려면 해당 빈곤 카드에 도움되는 행동인지 다른 플레이어들을 납득시킬 수 있어야 한다.
	     - 더미에 모금 카드나 행동 카드가 더 이상 없을 경우 제출한 카드를 섞어 다시 더미를 만든다.

전개	④ 빈곤 카드를 구제(획득)하면 카드에 표시된 포상점수를 획득한다. ⑤ 포상점수를 12점 이상(5명이 게임할 경우 8점) 획득한 플레이어가 게임에서 승리한다.
마무리	○ 게임 내용 분석하기 및 확인하기 게임 내용을 바탕으로 세계의 빈곤 지역과 규모를 파악하고 해결책을 탐구한다.

학습 도움말

1. 게임 활용 시점

세계시민 교육에서 빈곤 문제를 다룰 때, 실제 빈곤 상황을 탐구하기 전에 게임을 진행하면 빈곤을 겪는 국가와 빈곤 규모, 빈곤 구제를 위한 활동 내용을 미리 접해 볼 수 있다.

2. 게임 규칙 이해 및 주의 사항

단순히 카드의 숫자를 맞추는 것에서 더 나아가 어떤 행동이 어떤 빈곤 문제를 해결할 수 있는지 토론하는 기회를 제공한다. 행동 카드를 사용하려면 다른 모든 플레이어들에게 빈곤 구제를 위한 행동을 설명하고 납득시켜야 하기 때문이다. 게임을 진행하면서 자연스럽게 빈곤 카드의 빈곤 원인과 내용을 읽게 되고, 행동 카드의 내용도 읽은 후 활용할 수 있는 방안을 고민하게 될 것이다.

3. 수업 중 게임 시간 조절

수업 시간에 맞춰 보드게임을 진행하면 여러 가지 제약이 많다. 게임의 승리 점수를

12점과 8점으로 제시했지만, 여유 시간에 맞춰 제한 시간을 두고, 시간이 종료되었을 때 가장 많은 포상점수를 획득한 학생이 승리하도록 게임을 구성할 수 있다.

4. 게임 카드의 교육적 활용 방안

빈곤 카드에 제시된 내용을 토대로 빈곤을 겪는 국가, 위기 인구 규모, 빈곤의 내용과 원인을 파악할 수 있고, 관련 내용을 탐구하여 현재의 상황을 알아볼 수도 있다. 또한 활동 카드의 내용에 해당하는 NGO(비정부기구)나 사회운동 사례를 탐구해 볼 수도 있다.

5. 수행평가 및 연계 활동

게임은 국가별 빈곤 문제, NGO의 활동, 사회운동, 기후변화, 국제 물가에 대한 내용을 포함한다. 실제 빈곤 지역의 문제를 파악하거나 기후를 조사할 수 있으며, 실제 NGO와 사회운동 사례, 기후변화의 현황과 문제점, 국제 물가 동향 등에 대해 조사하여 발표하거나 보고서를 작성할 수 있다. 또한 NGO 설립이나 사회운동을 직접 계획하는 추가 활동을 해볼 수도 있다.

6. 배움과 삶의 연결 활동

게임을 통해 알게 된 내용을 바탕으로 빈곤 문제에 관심을 가지고 전 세계 사람들에게 빈곤 문제를 알리기 위한 캠페인 및 서명운동을 전개할 수 있다. 더불어 게임을 통해 탐구한 빈곤 문제 해결 방안으로 실제 후원을 하거나 자원봉사 활동에 참여하고, 미래에 NGO 단체에 가입하겠다는 꿈을 가질 수도 있다.

게임 활동 중에 발견한 빈곤 현황

국가	빈곤 원인	빈곤 내용	빈곤 인구

게임 활동 중에 발견한 빈곤 문제를 해결하는 방법

행동 내용	빈곤 문제 해결에 도움이 되는 이유

 **학습 정리**

빈곤 카드에 적힌 빈곤 문제의 현황을 조사하기

빈곤 카드 내용		인터넷을 통해 해당 지역의 추가 정보나 변동 상황을 조사
국가		
위기		
위기 인구		
원인		

빈곤 카드에 제시된 지역 이외의 빈곤 국가를 조사하여 만들기

조사 내용	빈곤 카드 만들기	
	국가	
	위기	
	위기 인구	
	원인	

후원 계획 세우기

후원 대상	
후원 형태	☐ 정기 후원 ☐ 일시 후원
기부 금액	ex) 매월 1만 원
후원으로 인해 후원 대상이 수혜를 받는 것	
후원으로 인해 내가 감수해야 하는 점	

NGO 단체 조사하기

기구 이름	
기구 소개	
활동 내용	
후원으로 인해 후원 대상이 수혜를 받는 것	
후원으로 인해 내가 감수해야 하는 점	

자원봉사 계획하기

봉사 지역	
봉사활동 기간	
봉사활동 내용	
봉사활동 신청서 작성	
자기소개	
참여 동기	
봉사활동에서 하고 싶은 역할	
봉사활동에서 기획하여 진행하고 싶은 프로그램	

자기-동료-교사 평가

1. 자기평가는 다음과 같은 내용을 떠올려 기록합니다.

• 게임 과정에서 잘했던 것	• 게임 과정에서 내가 좋았던 것	• 내 재능을 새롭게 발견한 것
• 내용에 대해 새롭게 발견한 것	• 감동/재미있었던 것	• 미래에 갖고 싶은 직업
• 더 알고 싶은 것(호기심)	• 친구에게 잘 설명했던 것	• 어려움을 극복한 것

예) 나는 게임 과정에서 다른 사람의 심리를 잘 파악했다.(잘한 것→공감 능력, 분석력)

2. 동료 평가는 다음과 같은 내용을 잘 관찰하여 기록합니다.

• 친구가 잘했다고 생각하는 것	• 좋아했다고 생각하는 것	• 감동하면서 만족했던 것
• 평소와 다른 행동을 발견한 것	• 질문했던 것	• 어려움을 극복했던 것
• 협의와 타협점을 찾았던 것	• 친구에게 어울리는 직업	• 상대방에 대한 경청과 배려

3. 교사 평가는 교사가 게임 과정에서 발견한 내용을 기록합니다.

- 게임 과정에서 교사가 구체적인 역량 요소를 관찰하여 발견한 경우
- 게임 과정에서 학생이 교사에게 의미 있는 질문을 했던 것
- 교사가 정의 부분에서 칭찬할 만한 경우

게임 활동 평가 기록

자기평가	동료 평가	교사 평가

 **평가 루브릭**

아래 내용을 참고하여 이 주제의 학습 활동에 대한 소감문을 써봅시다.

활동 주제		학번	
활동 일시		성명	

◎ 아래 항목 중 3~4개 정도를 선택하여 활동 소감문을 자유롭게 작성하세요.
- 나는 이 주제 활동에서 (   ) 역할을 수행했습니다.
- 나는 이 주제 활동에서 (   )에 관한 질문을 했습니다.
- 나는 이 주제 활동에서 (   ) 대해서 배웠습니다.
- 나는 이 주제 활동 이후 (   )에 대해서 더 알고 싶습니다.
- 나는 이 주제 활동에서 (   )이(가) 가장 재미있었습니다.
- 나는 이 주제 활동에서 (   )이(가) 어려워서 도움이 필요했습니다.
- 이 주제 활동에서 나에게 가장 중요한 것은 (   )이었습니다.
- 나는 이 주제 활동에서 (   )을(를) 새롭게 발견했습니다.

활동에 대한 평가

평가 요소	채점 기준		
빈곤 문제 파악하기	빈곤 문제를 겪는 지역과 규모를 다양하게 제시했다.	빈곤 문제를 겪는 지역을 몇 군데 제시했다.	빈곤 문제를 겪는 지역에 대해 제대로 제시하지 못했다.
	10	6	2
빈곤의 원인 탐색하기	지역별 빈곤 문제에 대한 원인을 구체적으로 제시했다.	빈곤 문제에 대한 원인을 대략적으로 몇 가지 제시했다.	빈곤 문제에 대한 원인을 제대로 제시하지 못했다.
	10	6	2
빈곤 문제 해결을 위한 방안 제시하기	빈곤 문제 해결을 위한 방안을 다양하게 제시했다.	빈곤 문제 해결을 위한 방안을 대략적으로 몇 가지 제시했다.	빈곤 문제 해결을 위한 방안을 제대로 제시하지 못했다.
	10	6	2

활동 자료

<탄소 배출 선 지키기> 게임 설명서

게임 준비(모둠별)

1. 세팅
- 게임 카드를 섞어서 더미를 만들어둔다.
- 탄소 감축 방안 및 배출 요인 기록 활동지를 받는다.

2. 시작
게임을 위한 순서를 정한다.
- 가위바위보 등으로 게임 순서를 정한다.
- 첫 번째 플레이어의 오른쪽 또는 왼쪽 방향으로 진행한다.

게임 진행

3. 게임
1) 탄소배출권 카드를 1장씩 나눠 갖는다.
2) 게임 카드를 섞어서 더미를 만들고 5장씩 나눠 갖는다.
3) 바닥에 게임 시작을 위한 탄소중립 카드를 펼쳐둔다.
4) 자기 차례가 되면 바닥에 이미 펼쳐진 카드 더미에 자신이 내려놓은 카드를 더해서 그 합을 외친다.(앞 사람이 외친 숫자를 잘 기억해 두었다가 자신이 내려놓은 카드를 계속 더해 간다. 합은 0 이하가 될 수 없다.)
   - 방향 전환 카드 : 어떠한 숫자도 더하지 않고 게임 진행 방향을 전환한다.
   - 점프 카드 : 자기 차례를 건너뛰고 다음 사람부터 게임을 진행한다.
   - 탄소 감축 방안 카드 : 탄소 감축 방안을 말하면 1~10까지 원하는 수만큼 감할 수 있다.(한 게임에서 말했던 방안은 중복 금지)
   - 탄소 배출 요인 카드 : 탄소 배출 요인을 말하면 1~10까지 원하는 수만큼 더할 수 있다.(한 게임에서 말했던 방안은 중복 금지)
5) 자기 차례에 카드를 1장 내려놓으면 더미에서 1장을 보충해야 하며 잊어버리고 순서가 지나가면 보충할 수 없다.
6) 바닥에 내려놓은 카드의 합은 100을 넘을 수 없으며, 100 이하의 숫자를 부르지 못하면 게임에서 탈락한다.
7) 위기 상황에서 가지고 있던 탄소배출권 카드를 제출하면 손에 쥐고 있던 카드를 모두 버리고 새롭게 5장의 카드를 받아서 게임을 진행할 수 있다.
8) 다른 사람이 모두 탈락할 때까지 게임을 진행한다

게임 결과

4. 승리 조건
1) 게임에서 끝까지 살아남은 사람이 승리한다.
2) 여러 차례 게임을 진행하고 가장 많이 살아남은 사람이 최종 승리한다.

20	20	10
고탄소 배출 산업 (석유화학, 정유)	**고탄소 배출 산업** (플라스틱, 제지)	**대규모 목축업**
20	20	10
고탄소 배출 산업 (석유화학, 정유)	**고탄소 배출 산업** (플라스틱, 제지)	**대규모 목축업**

30	고탄소 배출 산업 (제철, 시멘트)	9	불필요한 야간 조명 사용	9	일회용품 사용
30	고탄소 배출 산업 (제철, 시멘트)	9	불필요한 야간 조명 사용	9	일회용품 사용

20	10
숲 파괴	늪지 파괴
10	10
지나친 난방	지나친 냉방
15	15
자가용 이용	자가용 이용

20	고탄소 배출 산업 (알루미늄)
10	화력발전
5	과도한 육식
5	과도한 육식
5	엘리베이터 이용
5	엘리베이터 이용

1	2	6
이메일 쌓아두기	불필요한 종이 사용	에너지 저효율 제품 사용

1	2	6
이메일 쌓아두기	불필요한 종이 사용	에너지 저효율 제품 사용

| 5 | 물필요하게
냉장고 문 열기 | 2 | 과소비 | 3 | 사용하지 않는
전자제품 켜두기 |

| 5 | 물필요하게
냉장고 문 열기 | 2 | 과소비 | 3 | 사용하지 않는
전자제품 켜두기 |

1 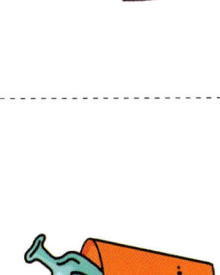 **쓰레기배출 안 하기**	2  **대기전력 방지**
1  **쓰레기배출 안 하기**	2 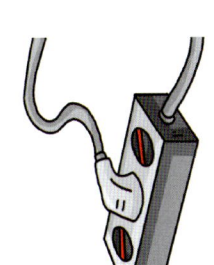 **대기전력 방지**

4  **물 낭비** (긴 샤워)	
4  **물 낭비** (긴 샤워)	

-1 개인 컵, 텀블러 사용	-2 계단 이용
-2 제철 음식 섭취	-1 에코백 사용하기
-2 절전 모드 사용	-2 생태 관광

-3 대중교통 이용	-3 전기차 타기
-2 수입식품 줄이기	-1 이메일 비우기
-3 에너지 고효율 제품 사용	-5 녹색기술 연구

-2 나무 심기	-2 자전거 타기
-5 신재생에너지	-2 재활용 활성화
-2 로컬푸드 섭취	-1 낮잠 자기

-2  물 받아두고 설거지	-1  에어컨 필터 청소하기	-2  사워 시간 줄이기
-2 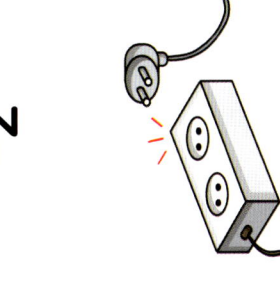 안 쓰는 콘센트 뽑아두기	-2  분리배출 철저히 하기	-5  걷기

-1	-2
물을 아껴 쓰고 나눠 쓰기	난방 온도 낮추기

-5	0
화석연료 사용 규제 법안	**JUMP** (점프)

0	0
JUMP (점프)	**JUMP** (점프)

0 방향 전환	0 방향 전환	0 JUMP (점프)
0 탄소중립 (시작)	0 방향 전환	0 방향 전환

 배출연기

  배출연기

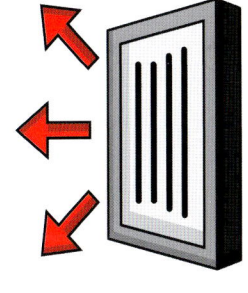 배출연기

 배출연기

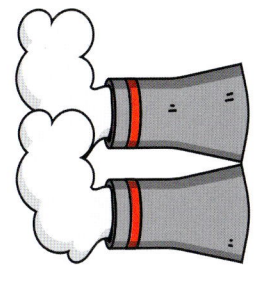  배출연기

 배출연기

탄소배출권

1회에 한해
카드 5장을 교체해 줌

탄소배출권

1회에 한해
카드 5장을 교체해 줌

탄소배출권

1회에 한해
카드 5장을 교체해 줌

탄소배출권

1회에 한해
카드 5장을 교체해 줌

탄소배출권

1회에 한해
카드 5장을 교체해 줌

탄소배출권

1회에 한해
카드 5장을 교체해 줌

감축 방안 및 배출 요인 카드가 나오면 함께 적어주세요 (중복 기록 불가)

감축 방안			배출 요인		

탄소중립을 위한 노력

🍀 **탄소 배출을 줄이는 방법**에는 어떤 것들이 있나요?

🍀 **탄소 배출 요인**에는 어떤 것들이 있나요?

<바다도 지구야> 게임 설명서

게임 준비(모둠별)

1. 세팅
- 세 종류의 게임 카드를 섞어서 더미를 만들어둔다.
- 각자의 앞에 3×3으로 카드를 펼쳐둔다.

2. 시작
게임을 위한 순서를 정한다.
- 가위바위보 등으로 게임 순서를 정한다.
- 첫 번째 플레이어의 오른쪽 또는 왼쪽 방향으로 진행한다.

게임 진행

3. 게임
1) 차례가 되면 바닥에 펼쳐진 카드를 다음과 같은 규칙에 따라 움직인다.
   - 자기 차례에 반드시 카드 이동(덮기)을 1회 진행해야 한다.
   - 카드는 대각선 이동은 불가능하며 상하좌우 1칸만 이동 가능하다.
   - 카드 덮기 원칙은 쓰레기 카드는 해양생물 카드를 덮을 수 있지만 그 반대는 불가능하다.
   - 해양생물 카드는 해결책 카드를 덮을 수 있지만 그 반대는 불가능하다.
   - 해결책 카드는 쓰레기 카드를 덮을 수 있지만 그 반대는 불가능하다.
   - 같은 종류의 카드는 상호 덮기가 불가능하다.
   - 카드 이동으로 빈 공간이 생기면 더미에서 1장을 가져와 채운다.
   - 덮인 카드가 누적 6장이 되면 자동으로 버려지고, 빈 공간은 더미에서 1장을 가져와 채운다.
2) 더 이상 모든 카드의 이동 및 덮기가 불가능할 경우 1회 경고를 받고, 원하는 카드 2장을 버린 다음 빈 공간은 더미에서 카드를 가져와 채운다.
3) 경고 이후 동일하게 이동 및 덮기가 불가능할 경우 게임에서 탈락한다.
4) 바닥에 펼쳐진 카드 조합이 목표한 조합으로 바뀔 때까지 게임을 진행한다.
5) 더미의 카드가 떨어진 경우 버려진 카드를 모아 다시 더미를 만든다.

게임 결과

4. 승리 조건
1) 펼쳐진 모든 카드가 해양생물 카드 및 해결책 카드로 바뀌면 생태계가 회복되어 게임에서 승리한다.
2) 플레이어 중 가장 먼저 목표를 달성한 사람이 승리하지만 모든 플레이어가 목표를 달성할 경우 모두가 승리한다.

해양 문제 해결 공식

쓰레기 카드 → 해양생물 카드(물개) → 해결책 카드(재활용) → 쓰레기 카드

바다도 지구

바다도 지구

바다도 지구

바다도 지구

바다도 지구

바다도 지구

플라스틱 장난감	플라스틱 페트병
플라스틱 장난감	플라스틱 페트병
플라스틱 장난감	플라스틱 페트병

바다도 지구

바다도 지구

바다도 지구

바다도 지구

바다도 지구

바다도 지구

바다도 지구

바다도 지구

바다도 지구

바다도 지구

바다도 지구

바다도 지구

바다도 지구

바다도 지구

바다도 지구

바다도 지구

바다도 지구

바다도 지구

바다도 지구

바다도 지구

바다도 지구

바다도 지구

바다도 지구

바다도 지구

바다도 지구

바다도 지구

바다도 지구

바다도 지구

바다도 지구

바다도 지구

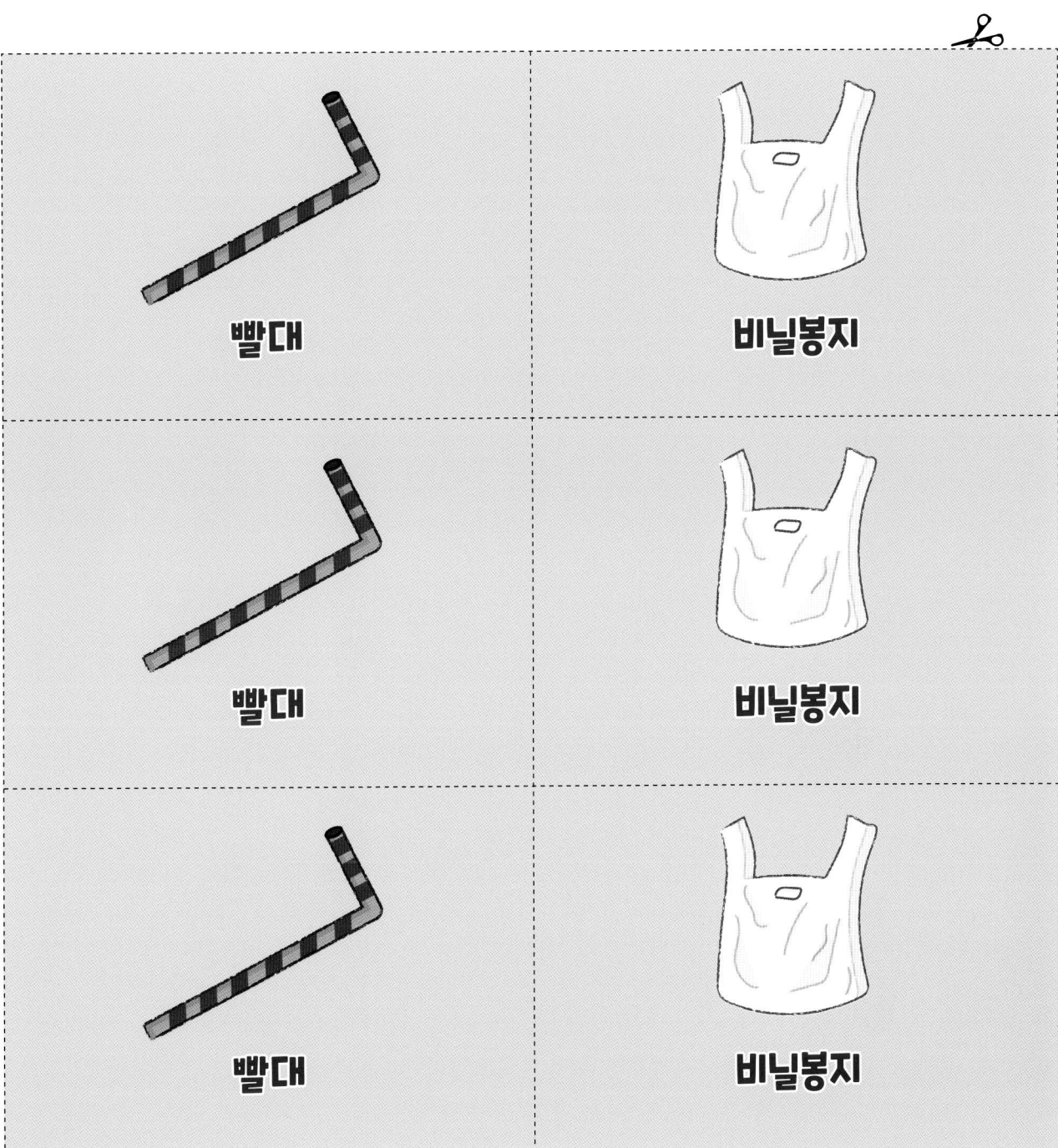

바다도 지구

바다도 지구

바다도 지구

바다도 지구

바다도 지구

바다도 지구

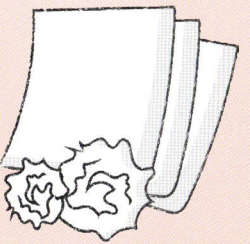 일회용 기저귀	종이 쓰레기
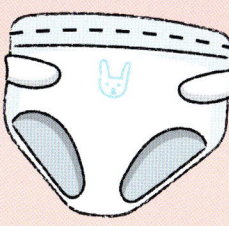 일회용 기저귀	 종이 쓰레기
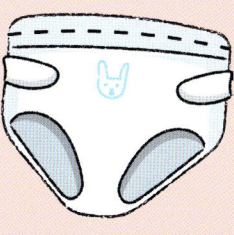 일회용 기저귀	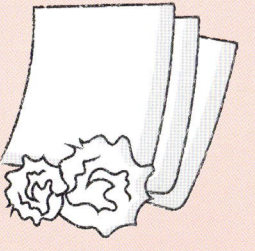 종이 쓰레기

바다도 지구

바다도 지구

바다도 지구

바다도 지구

바다도 지구

바다도 지구

바다도 지구

바다도 지구

바다도 지구

바다도 지구

바다도 지구

바다도 지구

돌고래	갈매기
바다거북	말미잘
바다거북	말미잘

바다도 지구

바다도 지구

바다도 지구

바다도 지구

바다도 지구

바다도 지구

바다도 지구

바다도 지구

바다도 지구

바다도 지구

바다도 지구

바다도 지구

바다도 지구

바다도 지구

바다도 지구

바다도 지구

바다도 지구

바다도 지구

해마

오징어

해마

오징어

작은 물고기

큰 물고기

바다도 지구

바다도 지구

바다도 지구

바다도 지구

바다도 지구

바다도 지구

작은 물고기	큰 물고기
불가사리	성게
불가사리	성게

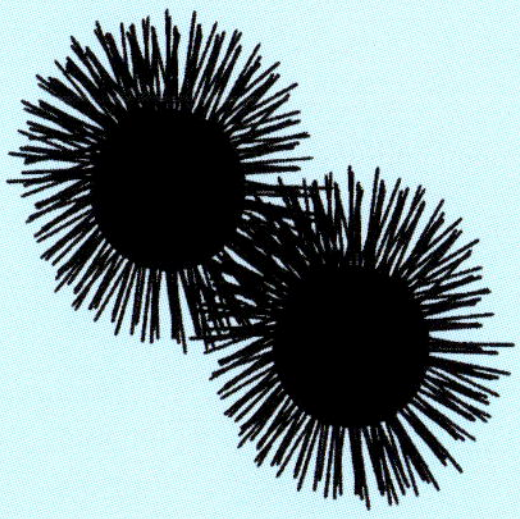

바다도 지구

바다도 지구

바다도 지구

바다도 지구

바다도 지구

바다도 지구

바다도 지구

바다도 지구

바다도 지구

바다도 지구

바다도 지구

바다도 지구

바다도 지구

바다도 지구

바다도 지구

바다도 지구

바다도 지구

바다도 지구

재활용

일회용품 안 쓰기

친환경 소재 사용

친환경 제품 사용

분해 플라스틱 사용

해양보호법 제정

바다도 지구

바다도 지구

바다도 지구

바다도 지구

바다도 지구

바다도 지구

분리배출 철저	물자 아껴 쓰기
아.나.바.다	쓰레기 무단 투기 차단
생태계 보호 노력	해양 쓰레기 수거 노력

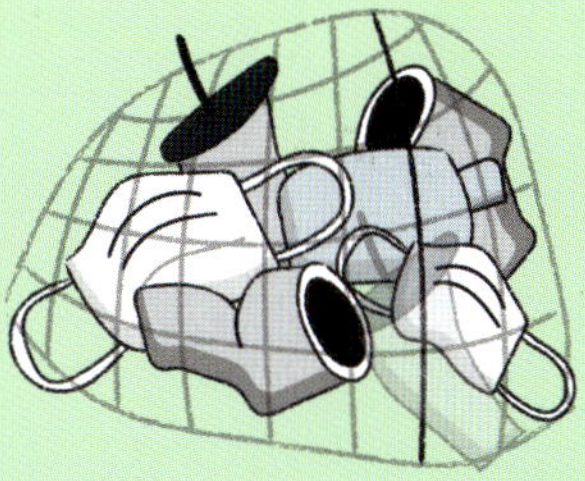

바다도 지구

바다도 지구

바다도 지구

바다도 지구

바다도 지구

바다도 지구

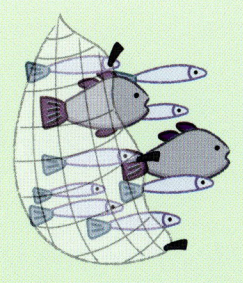 **파괴적 어업 반대**	 **다회용기 사용**
 **해양생물 먹이 주기 금지**	 **어족자원 보호하기**
 **분해 플라스틱 사용**	 **해양보호법 준수**

바다도 지구

바다도 지구

바다도 지구

바다도 지구

바다도 지구

바다도 지구

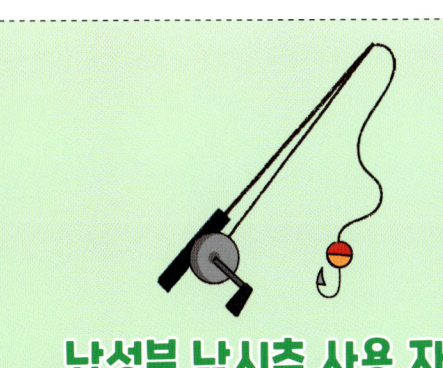
납성분 낚시추 사용 자제

플라스틱 사용 줄이기

바다에 들어갈 때
자외선 차단제, 화장품 자제

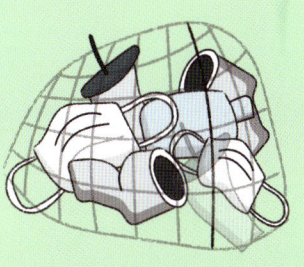
쓰레기 무단 투기 차단

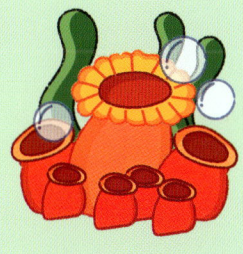
바다 생물에 관심 가지기

해변 쓰레기 줍기

바다도 지구

바다도 지구

바다도 지구

바다도 지구

바다도 지구

바다도 지구

바다를 구하는 방법

- 바다에 사는 소중한 생물들
- 바다를 구하는 실천 행동
- 바다를 오염 시키는 원인들

<빈곤 구제> 게임 설명서

게임 준비(모둠별)

1. 세팅
- 세 종류의 게임 카드를 섞어서 더미를 만들어둔다.
- 카드판에 맞춰 더미를 놓고 빈곤 카드를 4장 뒤집어놓는다.

2. 시작
게임을 위한 순서를 정한다.
- 가위바위보 등으로 게임 순서를 정한다.
- 첫 번째 플레이어의 오른쪽 또는 왼쪽 방향으로 진행한다.

게임 진행

3. 게임
1) 차례가 되면 카드를 뽑거나 빈곤 카드를 구제한다.
   - 카드 2장을 모금 카드와 행동 카드 중에서 가져간다.
   - 손에 들고 있는 카드는 6장을 초과할 수 없다.
   - 새로운 카드를 뽑기 위해 가지고 있는 카드를 버릴 수 있다.
   - 빈곤 카드 구제(획득)를 위해서는 카드에 제시된 모금 카드와 행동 카드 점수 이상의 카드를 제출해야 한다.
   - 행동 카드 사용을 위해서는 해당 빈곤 카드에 도움되는 행동인지 다른 플레이어들을 설득할 수 있어야 한다.
   - 더미에 모금 카드나 행동 카드가 더 이상 없을 경우 제출한 카드를 섞어 다시 더미를 만든다.

2) 빈곤 카드를 구제(획득)하면 카드에 표시된 포상 점수를 획득한다.

게임 결과

4. 승리 조건
1) 빈곤 카드 구제(획득)를 통해 얻은 포상 점수가 4명 이하일 경우 12점, 5명 이상일 경우 8점 이상을 획득하면 해당 플레이어가 승리한다.

우크라이나 ②
- 총인구 : 4,320만 명
- 위기 : 식수 부족, 위생 필요
- 위기 인구 : 1,200만 명
- 원인 : 전쟁

모금 6 **1 행동**

대한민국 ①
- 총인구 : 5,150만 명
- 위기 : 노인 빈곤율 38%
- 위기 인구 : 360만 명
- 원인 : 급격한 사회 변화

모금 4 **0 행동**

북한 ②
- 총인구 : 2,610만 명
- 위기 : 영양 부족
- 위기 인구 : 1,100만 명
- 원인 : 농업 기술, 농자재 부족

모금 5 **1 행동**

북한 ①
- 총인구 : 2,610만 명
- 위기 : 만성 영양실조
- 위기 인구 : 5세 미만 아동 20%
- 원인 : 농업 기술, 농자재 부족

모금 5 **0 행동**

북한 ②
- 총인구 : 2,610만 명
- 위기 : 식수 부족
- 위기 인구 : 840만 명
- 원인 : 기후 변화

모금 2 **3 행동**

우간다 ③
- 총인구 : 4,850만 명
- 위기 : 학습 빈곤
- 어린이 인구 : 2,150만 명
- 원인 : 코로나로 학교 폐쇄 83주

모금 6 **3 행동**

남아프리카공화국 ③
- 총인구 : 6,040만 명
- 위기 : 학습 빈곤
- 어린이 인구 : 2,020만 명
- 원인 : 코로나로 학교 폐쇄 60주

모금 3 **5 행동**

모잠비크 ②
- 총인구 : 3,380만 명
- 위기 : 학습 빈곤
- 어린이 인구 : 1,690만 명
- 원인 : 코로나로 학교 폐쇄 53주

모금 4 **2 행동**

모금 카드  모금 카드

모금 카드  모금 카드

모금 카드  모금 카드

모금 카드  모금 카드

모금 카드  모금 카드

모금 카드  모금 카드

모금 카드  모금 카드

모금 카드  모금 카드

후원 단체 모금	후원 단체 모금
사람들의 기부금 모금 **1**	사람들의 기부금 모금 **1**
후원 단체 모금	**후원 단체 모금**
사람들의 기부금 모금 **1**	사람들의 기부금 모금 **1**
개인 기부	**개인 기부**
정기 기부 신청 **2**	정기 기부 신청 **2**
개인 기부	**개인 기부**
정기 기부 신청 **1**	정기 기부 신청 **1**

모금 카드

모금 카드

모금 카드

모금 카드

모금 카드

모금 카드

모금 카드

모금 카드

모금 카드

모금 카드

모금 카드

모금 카드

모금 카드

모금 카드

모금 카드

모금 카드

행동 카드

행동 카드

행동 카드

행동 카드

행동 카드

행동 카드

행동 카드

행동 카드

NGO 활동	NGO 활동
기후 스마트 농업 지원 1	기후 스마트 농업 지원 2
공공시설 피해 복구 1	의료 지원 및 긴급 구호 활동 1
식량 및 식수 지원 1	식량 및 식수 지원 2
예방접종 제공 2	긴급 식량 지원 사업 1

행동 카드

행동 카드

행동 카드

행동 카드

행동 카드

행동 카드

행동 카드

행동 카드

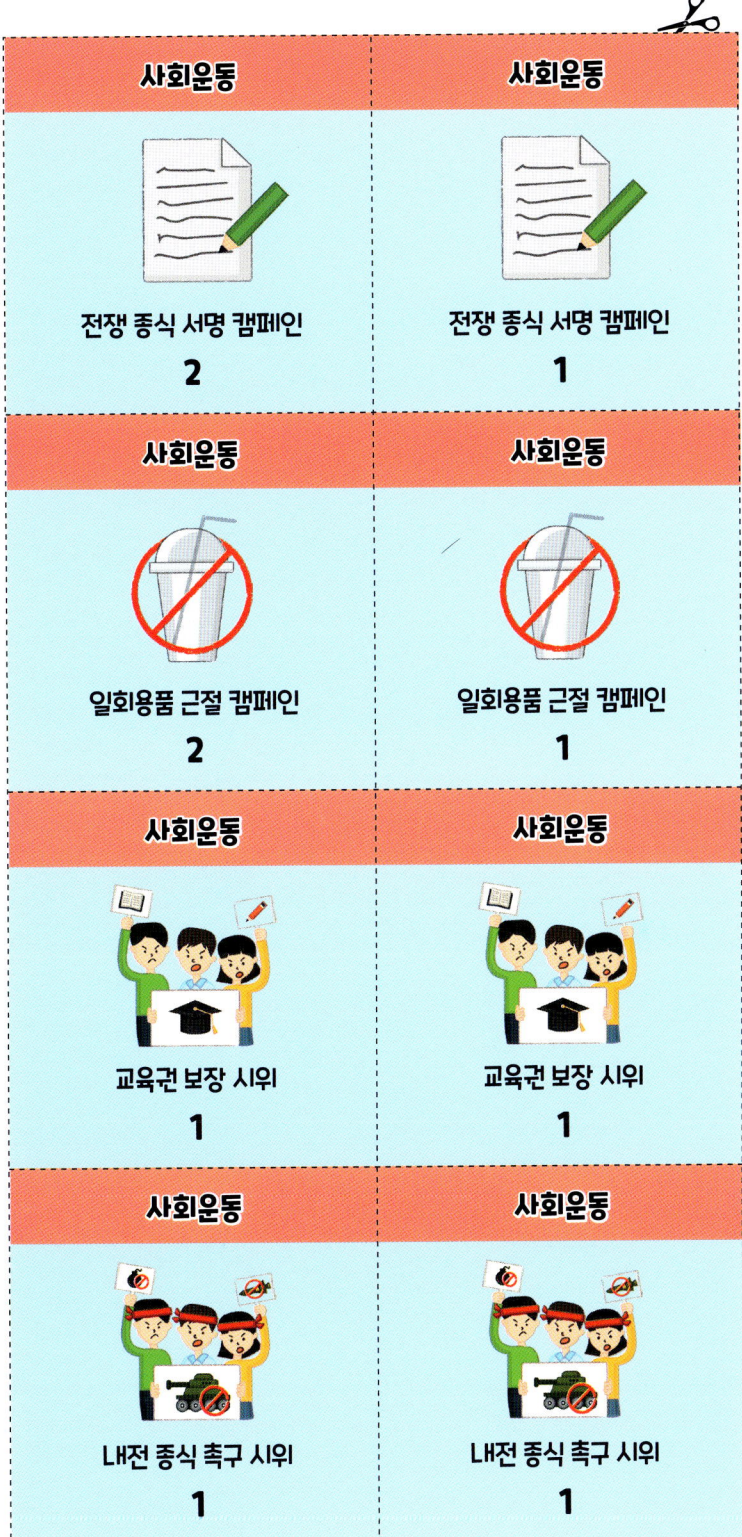

행동 카드

행동 카드

행동 카드

행동 카드

행동 카드

행동 카드

행동 카드

행동 카드

행동 카드   행동 카드

행동 카드   행동 카드

행동 카드   행동 카드

행동 카드   행동 카드

곰 카드놀이

빈도 카드 더미

빈도 카드 펼쳐놓는 곳

빈도 카드 펼쳐놓는 곳

빈도 카드 펼쳐놓는 곳

빈도 카드 펼쳐놓는 곳

용기 카드판

용기 카드	
멋진 용기 부리기	용감한 행동 부리기
멋진 용기 내기 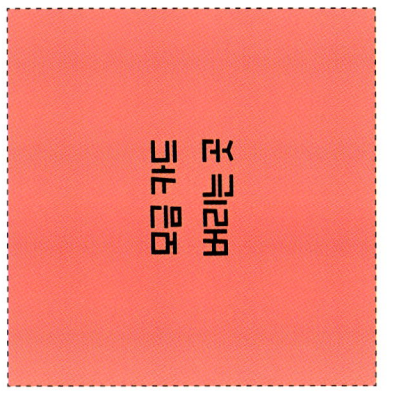	용감한 행동 내기